TESTEMUNHO:
DEUS APARECEU E ME CUROU!

Editora Appris Ltda.
1.ª Edição - Copyright© 2024 do autor
Direitos de Edição Reservados à Editora Appris Ltda.

Nenhuma parte desta obra poderá ser utilizada indevidamente, sem estar de acordo com a Lei nº 9.610/98. Se incorreções forem encontradas, serão de exclusiva responsabilidade de seus organizadores. Foi realizado o Depósito Legal na Fundação Biblioteca Nacional, de acordo com as Leis nºs 10.994, de 14/12/2004, e 12.192, de 14/01/2010.

Catalogação na Fonte
Elaborado por: Josefina A. S. Guedes
Bibliotecária CRB 9/870

S237t
2024
	Santos, Edson Luis Avelar
	    Testemunho: Deus apareceu e me curou! / Edson Luis Avelar Santos. –
	1. ed. – Curitiba: Appris, 2024.
	    187 p. ; 21cm.
	
	    ISBN 978-65-250-5805-4
	
	    1. Cura pela fé. 2. Deus. 3. Espiritualidade. I. Título.
	
	                                                    CDD – 248

Editora e Livraria Appris Ltda.
Av. Manoel Ribas, 2265 – Mercês
Curitiba/PR – CEP: 80810-002
Tel. (41) 3156 - 4731
www.editoraappris.com.br

Printed in Brazil
Impresso no Brasil

Edson Luis Avelar Santos

TESTEMUNHO:
DEUS APARECEU E ME CUROU!

FICHA TÉCNICA

EDITORIAL	Augusto Coelho
	Sara C. de Andrade Coelho
COMITÊ EDITORIAL	Ana El Achkar (UNIVERSO/RJ)
	Andréa Barbosa Gouveia (UFPR)
	Conrado Moreira Mendes (PUC-MG)
	Eliete Correia dos Santos (UEPB)
	Fabiano Santos (UERJ/IESP)
	Francinete Fernandes de Sousa (UEPB)
	Francisco Carlos Duarte (PUCPR)
	Francisco de Assis (Fiam-Faam, SP, Brasil)
	Jacques de Lima Ferreira (UP)
	Juliana Reichert Assunção Tonelli (UEL)
	Maria Aparecida Barbosa (USP)
	Maria Helena Zamora (PUC-Rio)
	Maria Margarida de Andrade (Umack)
	Marilda Aparecida Behrens (PUCPR)
	Marli Caetano
	Roque Ismael da Costa Güllich (UFFS)
	Toni Reis (UFPR)
	Valdomiro de Oliveira (UFPR)
	Valério Brusamolin (IFPR)
SUPERVISOR DA PRODUÇÃO	Renata Cristina Lopes Miccelli
PRODUÇÃO EDITORIAL	Daniela Nazario
REVISÃO	Simone Ceré
DIAGRAMAÇÃO	Renata Cristina Lopes Miccelli
CAPA	Eneo Lage

Dedico esse livro aos meus pais, familiares, parentes, amigos, clientes e todas as pessoas. Ajudar com as dicas me gerou um estímulo para escrever.

AGRADECIMENTOS

Agradeço a todos os meus familiares, parentes e amigos, assim como a todas as pessoas que passaram pela minha vida. Peço desculpas se magoei alguém. Concentrei-me e fiquei me cuidando para não fazer nada errado no meu dia a dia, enquanto trabalhava nos textos. Fiquei com a mente limpa e purificada pela oração, recebi bons pensamentos para escrever. Em especial, gratidão aos seis revisores do livro. Obrigado a todos!

Na turbulência, muita calma, evite discussões e agressões.

(O autor)

SUMÁRIO

INTRODUÇÃO
DEUS EXISTE! 21

1
SONHEI COM DEUS! 24

2
MILAGRE: HISTÓRIA REAL EU VI DEUS!...............................25

3
CARTA PARA O SENHOR JESUS CRISTO
EM FORMA DE ORAÇÃO 28

4
SOBERBA NÃO, PERGUNTAR, SIM 30

5
QUANDO RECEBER UM PENSAMENTO RUIM,
NÃO PRATIQUE O MAL, CONTE ATÉ 10 32

6
CHEGUEI NO MOMENTO QUE UMA CRIANÇA DE 2
ANOS CAIU EM UM TANQUE..34

7
LIBERTAÇÃO DE UMA PESSOA PERTURBADA
POR ENERGIAS NEGATIVAS..35

8
CUIDE DA SAÚDE: AFASTE O ESTRESSE, A TRISTEZA
E A DEPRESSÃO 38

9
NÃO FAÇA FOFOCA, DIFAMAÇÃO OU DISCRIMINAÇÃO 42

10
USEI A CALMA PARA ME RELACIONAR
COM UM FUNCIONÁRIO MUITO NERVOSO 44

11
NÃO FAÇA ABORTO: O JOVEM ESTAVA DESEMPREGADO,
SEM DINHEIRO E A SUA NAMORADA ENGRAVIDOU 46

12
ATENÇÃO, PESSOA FÍSICA E EMPRESAS! NÃO ENTREM
NA ARAPUCA DA INTERNET! 48

13
ATROPELEI UM CACHORRO DE ESTIMAÇÃO 52

14
SÓ DESCOBRI UM PROBLEMA DE SAÚDE, DEVIDO
AO HÁBITO DE IR AO MÉDICO FAZER EXAMES DE ROTINA 53

15
DROGAS: AFASTEI O PERIGO GRAÇAS
AO QUE APRENDI QUANDO CRIANÇA 55

16
COMO USAR A AGENDA 59

17
COM 18 ANOS, CHEGUEI À CAPITAL PARA ARRUMAR
EMPREGO. NA PRIMEIRA ENTREVISTA, FIQUEI MUITO
DESMOTIVADO E COM MEDO 61

18
FREEI A MOTO E EVITEI UM ACIDENTE, POIS IMAGINEI
UM VENTO MUITO FORTE..63

19
ESPOSO QUE JUDIAVA DA FAMÍLIA E O ANJO DA GUARDA
COM A MISSÃO DE MELHORAR TUDO.....................................64

20
O MEU BANCO FECHOU E FIQUEI SEM DINHEIRO. DEPOIS
DE UM TEMPO, FUI VÍTIMA DO GOLPE DO CAIXA ELETRÔNICO
E ROUBARAM TODAS AS MINHAS ECONOMIAS 66

21
TRABALHO DIFÍCIL: NA ATIVIDADE FÍSICA, EU IMAGINAVA
ÓTIMO EMPREGO E EXCELENTE SALÁRIO 69

22
CATADOR DE RECICLAGEM MACHUCOU A PERNA. LEVEI-O
AO MÉDICO E O ORIENTEI SOBRE COMO ARRUMAR
UM EMPREGO...71

23
COM 15 ANOS, CONSEGUI UM EMPREGO DE APRENDIZ
DE BALCONISTA 73

24
ESQUECI MINHA CARTEIRA COM TODO O MEU DINHEIRO
EM CIMA DO FREEZER DE SORVETE...75

25
FAZIA O PROPÓSITO DE PARAR, MAS, NA PRIMEIRA
TURBULÊNCIA, VOLTAVA A FUMAR 77

26
O QUE FAZER QUANDO RECEBER NOTÍCIAS TRISTES?..............79

27
NO FINAL DE CADA DIA, FAÇO UMA AVALIAÇÃO PARA
VERIFICAR SE NÃO COMETI ERROS 80

28
AMIGA ENTROU EM DEPRESSÃO PORQUE NÃO CONSEGUIA
SUPORTAR A FALTA DOS SEUS FAMILIARES 82

29
FIQUEI FRACO PORQUE
ESQUECI DE USAR A MINHA FÉ 84

30
MULHER INTELIGENTE VIROU A DIREÇÃO DO CARRO
PARA NÃO ME ATINGIR..86

31
FIZ UMA VIAGEM A TRABALHO SÓ COM O DINHEIRO
DA PASSAGEM, FIQUEI SEM DORMIR E PASSEI FOME..............88

32
JÁ NA INFÂNCIA, APRENDI A IMPORTÂNCIA DE FAZER
CARIDADE, TODO O BEM QUE VAI, SEMPRE VOLTA 90

33
VENDI LIVROS NA RUA: NESSA OCASIÃO,
GANHAMOS UM BOLÃO 93

34
INFORMAÇÕES ÚTEIS PARA APLICAR O SEU SALÁRIO..............95

35
CUIDADOS PARA COMPRAR UM IMÓVEL 97

36
NÃO ENTREI COM AÇÃO JUDICIAL CONTRA NENHUMA
EMPRESA EM QUE TRABALHEI 98

37
AMIGO QUE NÃO ACREDITAVA EM DEUS 100

38
INFORMAÇÕES ÚTEIS PARA CONSEGUIR EMPREGO
E NÃO PERDER CLIENTES 101

39
CUIDADOS AO DIRIGIR: ANTES
DE VIAJAR, VERIFIQUE A PREVISÃO DO TEMPO PARA
EVITAR TEMPESTADES E NEBLINAS 107

40
LISTA DE VERIFICAÇÃO PARA EVITAR ACIDENTES NA SUA CASA....109

41
MENTIRAS 111

42
LISTA DE VERIFICAÇÃO PARA PRATICAR ATIVIDADE
FÍSICA E PARTICIPAR DE UM EVENTO EM QUE NÃO
CONHECE AS PESSOAS 113

43
DOIS HOMENS E DUAS BELAS MULHERES: POR QUE
SÓ UM TRAIU A ESPOSA? 115

44
COMPREI UM CARRO SEM VERIFICAR O MOTOR
E TIVE PROBLEMAS 117

45
JOVEM SAIU DAS RUAS E VOLTOU AO CONVÍVIO
SOCIAL GRAÇAS AO ESPORTE 119

46
RESPEITE O SEU PROFESSOR, NÃO CONVERSE
EM SALA DE AULA...121

47
SE ERROU, PEÇA PERDÃO E CONTINUE A SUA VIDA SEMPRE
EM FRENTE. O PASSADO JÁ FOI, SERVE COMO EXPERIÊNCIA 122

48
NÃO PUXEI O FREIO DE MÃO, E O MEU CARRO
ANDOU SOZINHO 123

49
ANTES DE DORMIR, FAÇA A ORAÇÃO DA RESPIRAÇÃO 124

50
PROPRIETÁRIA COLOCOU O APARTAMENTO À VENDA
PORQUE BRIGOU COM O VIZINHO 125

51
EU EVANGELIZO ENTREGANDO CARTÕES NA RUA,
FAZENDO EMBAIXADINHAS, E CORRO COM A CAMISETA
DO SENHOR JESUS CRISTO 127

52
ENVOLVI-ME EM UM ACIDENTE COM UM MOTOQUEIRO,
EVITEI UM CONFLITO, FIZ A PAZ PREVALECER 129

53

DINÂMICA! BOLAS, MÚSICA E FRASES POSITIVAS 131

54

POR UMA DISTRAÇÃO, CRIANÇA DE 5 ANOS, SUBIU
NA CERCA DA VARANDA NO OITAVO ANDAR 133

55

UMA FAMÍLIA CARENTE TINHA UMA CASA NA QUAL ENTRAVA
MUITA ÁGUA QUANDO CHOVIA. RECEBEU AJUDA DA IGREJA
PARA RESOLVER O PROBLEMA 135

56

PERDI O CARTÃO DO BANCO, MAS TRANSFORMEI ALGO
NEGATIVO EM POSITIVO 137

57

QUANDO CRIANÇA, CAÍ DO TELHADO EM CIMA
DE UMA CALÇADA 139

58

TOME TODAS AS ATITUDES QUANTO À SEGURANÇA QUANDO
FOR FAZER UM PASSEIO NA MATA. APRESENTO A HISTÓRIA
DO CACHORRO E DA COBRA 140

59

PERDI TODO O MEU DINHEIRO EM UM JOGO 142

60

HONESTIDADE SEMPRE 143

61

COM APROXIMADAMENTE 12 ANOS, FUI AO JOGO
DE FUTEBOL NA CAPITAL E TIVE PROBLEMAS 145

62
ACIDENTEI-ME DE MOTO PORQUE UM CACHORRO
ENTROU NA FRENTE..147

63
APÓS MUITO TEMPO DESEMPREGADO, RECEBI UM
PENSAMENTO MOSTRANDO ONDE HAVIA UM EMPREGO......149

64
GASTEI TODO O MEU ACERTO DE TRABALHO EM POUCOS
MESES. NÃO GASTEI O FUNDO DE GARANTIA, PORQUE
NÃO SABIA DA EXISTÊNCIA DELE..............................151

65
DORMI AO VOLANTE E SÓ NÃO BATI PORQUE O
MEU AMIGO VIROU A DIREÇÃO..............................152

66
MOTORISTA PERDEU A DIREÇÃO E CARRO INVADIU
RESTAURANTE. SÓ NÃO ME ATINGIU PORQUE,
MINUTOS ANTES DO ACIDENTE, MUDEI DE MESA.............153

67
ESTAVA COM O CARRO CARREGADO, PRONTO PARA VIAJAR,
E CANCELEI DEVIDO A UM PENSAMENTO.............154

68
FAÇA CURSO DE PRIMEIROS SOCORROS PARA SALVAR VIDAS....155

69
APÓS RECEBER UM PENSAMENTO PARA EVITAR UM ACIDENTE,
TIREI UMA BARRA DE CONCRETO DO CAMINHO, ONDE
PASSAVAM VÁRIAS PESSOAS.....................................156

70
A PROFESSORA AJUDOU UM ALUNO QUE FICOU DOENTE ...158

71
FOMOS CATAR PINHÃO E FOMOS SURPREENDIDOS
COM UMA CERCA DE ARAME MISTURADA COM O MATO.......160

72
APRESENTO O MEU CARTÃO COM DICAS DE PAZ E ALERTO
QUE OPORTUNIDADES SÃO DESPERDIÇADAS POR FALTA
DE CALMA 162

73
O CORPO E A MENTE PEDEM PAUSA 166

74
É MUITO PERIGOSO BRINCAR SE VESTINDO COM O TRAJE
DO INIMIGO E LEVAR PARA CASA COISAS E OBJETOS DO MAL...167

75
ECONOMIZE ÁGUA 168

76
ESTAMOS NA TERRA PARA EVOLUIR. É NECESSÁRIO BUSCAR
NOVOS HORIZONTES........169

77
DÊ UMA CHANCE PARA AS ÁRVORES........171

78
ENCONTREI UM FILHOTE DE PÁSSARO NO CHÃO........172

79
POR QUE HÁ DESGRAÇAS NO MUNDO? 173

80
O MENINO PEDIU UM PEDAÇO DE PÃO, E O HOMEM O
MANDOU LEVANTAR-SE E IR TRABALHAR 174

81
O PODER DA ORAÇÃO. ORE ANTES DE RESOLVER UM ASSUNTO
IMPORTANTE, COMO TRABALHO, DOENÇAS E OUTROS 175

82
ORIENTAÇÕES PARA PAIS, AVÓS E FILHOS(AS).......................178

83
INFORMAÇÕES CORRETAS SÃO O SEGREDO
PARA O SUCESSO 179

84
PLANEJE A SUA VIDA, NÃO USE TODO O SEU TEMPO
SÓ COM A INTERNET..180

85
HOMENAGEM: VIDA ETERNA..182

86
SUGESTÃO: GRUPO DE ORAÇÃO FAMILIAR...............................183

87
ALERTA: MONTE UMA ESTRATÉGIA PARA DEIXAR
A MENTE POSITIVA 184

88
FIM E UM NOVO COMEÇO EM MINHA VIDA! 186

Introdução

DEUS EXISTE!

Durante anos, fiquei guardando o meu segredo. Sempre recebia um pensamento de que deveria dar o meu testemunho contando às pessoas o milagre que recebi pela visão e pelo poder de **Deus.**

Desde criança, passei por situações difíceis e recebi proteção do Senhor cuidando da minha vida. Fui incentivado pelos meus pais a ter fé, a qual foi aumentando à medida que fui crescendo. Na minha juventude, sempre me envolvi em acidentes e fui salvo por milagres. Recebi muita proteção e cuidados do Senhor. Aqui, contarei vários casos reais.

Nunca me esquecerei... cheguei à capital com 20 anos, arrumei um emprego em uma grande empresa como vendedor. No terceiro mês de trabalho, fui campeão de vendas da filial e segui mais de um ano ganhando essa medalha. Pelo meu destaque, o gerente me promoveu a supervisor de vendas. Tenho saudade do meu excelente gerente. Recebi muita motivação da parte dele. A empresa tinha mais de 40 profissionais!

Eu era tímido, nunca trabalhei em vendas externas, não conhecia a cidade, não tinha carro e nem experiência. Afirmo com convicção: **Deus** me fez campeão na empresa. Sozinho, eu não teria conseguido.

Dos 20 até 42 anos, era temente a **Deus**, fazia caridade, porém, sem envolvimento com evangelização, não usava o meu dom. Aos 42 anos, sim, quando tive a visão de **Deus**, melhorei 100% a minha vida. Montei projetos de evangelização e de caridade, fiz um estudo minucioso da Bíblia e comecei a aplicar os ensinamentos. Foi nessa época que encontrei **Jesus Cristo** e entendi que o caminho para chegar até **Deus** é por meio do filho d'Ele. Mesmo assim, fiquei mais de dez anos sem tornar pública a minha visão. Eu sempre dava o testemunho para alguém, mas sem a relevância que o fato merecia.

Em junho de 2022, comecei a sentir que faltava alguma coisa. Tudo estava certo em minha vida, mas necessitava fazer uma tarefa, eu não sabia qual. Fui até verificar na faculdade em que me formei para ingressar em algum curso, porém, percebi que não era o que eu queria fazer. Ficava me perguntando o que estava faltando.

Um dia, me lembrei de que tinha iniciado o projeto de escrever um livro. No entanto, tinha interrompido porque na época avaliei não ser importante. Mas me conscientizei de que deveria escrever. Quando tomei essa decisão por meio da oração, recebi muita paz no coração.

No período em que fiquei escrevendo os textos, entrei em concentração total e me dediquei a fazer tudo certo em todos os setores da minha vida. Fiquei mais de seis meses sem sair de casa para eventos e não acessei nenhum conteúdo negativo na internet. Consegui realizar o projeto mais importante da minha vida.

O meu objetivo era receber, por intermédio da oração, bons pensamentos para escrever. Sei que não sou perfeito, mas foi o tempo da minha vida em que fiquei mais espiritualizado e purificado. O amor venceu. Cheguei à conclusão de que ajudaria muitas pessoas com a minha preparação espiritual.

É muito sério escrever sobre os ensinamentos do Senhor. Eu tinha certeza de que sozinho não iria conseguir. **Deus** é perfeito, e com a ajuda d'Ele, ficou tudo mais fácil, consegui fazer o melhor. Por exemplo, vi que poderia incluir no livro os milagres que recebi durante a minha vida, que poderia inserir a minha experiência profissional, oferecendo algumas dicas para as áreas comercial e pessoal.

TESTEMUNHO: DEUS APARECEU E ME CUROU!

Trabalhei como vendedor com sucesso e depois fui bem-sucedido como supervisor de equipe e subgerente de região, ministrando treinamentos. Em todas as empresas em que trabalhei, o meu sucesso dependia de ter um bom relacionamento com todos.

Usei a calma para não cair nas armadilhas do estresse. No momento de turbulência, as pessoas pedem demissão e abandonam projetos, se arrependendo depois. Eu sempre falava nos treinamentos que ministrava: "Quando estiver nervoso, não fale palavras erradas e não tome nenhuma atitude precipitada". Na maioria das vezes, é melhor ficar calado do que falar palavras agressivas.

Tenho uma frase que é o meu lema: "Na turbulência, muita calma, evite discussões e agressões". Atualmente, tenho a minha empresa, na qual aprendi muito.

Desejo uma boa leitura! A maioria das dicas são de experiências vividas. Leve este livro para seus familiares e amigos. Ele foi escrito com todo amor.

1

SONHEI COM DEUS!

Com 15 anos, sonhei que **Deus** tocou no meu estômago e fez uma cirurgia, me curando de uma doença.

O Senhor tinha um cabelo grisalho e uma pele linda. Passou-me a impressão de ter muitos anos, mas a sua pele não era velha. Foi muito especial sonhar, ajudou muito na formação da minha fé, uma honra.

Acordei de manhã feliz, pois, estava maravilhado. No sonho, recebi a informação de que era **Deus** me ajudando. A comunicação era pelos pensamentos, algo fantástico. Foi diferente de um sonho comum: eu senti, vi e recebi os cuidados, um fato impactante em minha vida. Eu não imaginei que era apenas o começo e que, com 42 anos, o mesmo Senhor do sonho apareceria na realidade. Hoje, analisando todas às vezes em que **Deus** me socorreu, sei que não foi um simples sonho.

Vou contar vários milagres. Por esse livro, estou comprovando que a manifestação de **Deus** na Bíblia é verdade. Penso que apareceu para mim porque sabia que teria coragem de escrever para fortalecer a fé dos leitores. O Senhor faz milagres a todo instante! A vida é um milagre: acordar, dormir, a criação do planeta Terra com todas as suas maravilhas, e muito mais! Agradeça e dê seu testemunho para ajudar as pessoas. A melhor forma de chegar até **Deus** é pelo filho d'Ele, **Jesus Cristo**.

MILAGRE: HISTÓRIA REAL
EU VI DEUS!

Com 42 anos, devido a coisas inesperadas que aconteceram em minha vida, todas ao mesmo tempo, comecei a perceber sinais de depressão. Então, eu tinha dois caminhos para escolher: optei pelo caminho do bem.

Certo dia, parei o carro na esquina perto da minha casa porque não conseguia mais fazer nada. Não tinha vontade de ir trabalhar, estava desmotivado. Foi nesse momento que a depressão começou, fiquei fraco mentalmente. Lembro-me de que abaixei o banco e fechei os olhos. Quando os abri, o mesmo Senhor que apareceu no meu sonho aos 15 anos, estava com a mão próxima à minha cabeça. Eu vi **Deus**, e por alguns minutos, eu me desliguei das coisas da Terra. Fiquei emocionado e extasiado.

Imediatamente, me lembrei de que no sonho recebi a informação de que era o Senhor me curando, o que me fez concluir que a minha visão real era **Deus**. As mesmas características: cabelo grisalho e uma pele linda. A partir desse momento, fiquei muito bem, fui trabalhar forte e com disposição, a depressão sumiu. Consegui sucesso no meu trabalho e sabedoria para resolver um problema que me preocupava.

Realizei várias ações de evangelização e de caridade e outros projetos para o bem. Aos 56 anos, me imaginei chegando ao céu e os anjos me cobrando por não divulgar o milagre da visão. Resolvi escrever este livro e contar para ajudar as pessoas.

Acredito no céu e na vida eterna. Penso que qualquer ser humano que quiser, por meio da fé, pode ter um contato íntimo com o Senhor. Desde criança, tenho muita confiança na existência d'Ele. Antes da visão, tive vários problemas, mas mesmo enfrentando dificuldades, nunca duvidei da minha fé. Muitas vezes, ao passar por uma turbulência, eu dizia: Tenho tudo, **Deus** está no meu coração. Desejo que esta leitura o fortaleça para continuar a sua vida.

O nosso tempo na Terra é um mistério. Vamos, em vida, levar o amor e a paz para as pessoas. O Senhor é maravilhoso. Siga três passos se desejar se aproximar d'Ele! Em primeiro lugar, arrependa-se e peça perdão dos seus erros; perdoe a todos. Em segundo lugar, fale que deseja receber **Jesus Cristo** em seu coração. E, em terceiro, batize-se. Acredite na vida eterna, a Terra é a preparação para a continuidade. Se você tem depressão e outros problemas, procure ajuda, não fique sozinho. É necessário um conjunto de boas ações para enfrentar a depressão. Apresento, então, as dicas:

1. Fé em **Jesus Cristo**! Acredite em você, determine em sua mente receber só bons pensamentos e afaste os negativos. Escreva em um papel: Quero e vou ficar bem.

2. Vá orar em uma comunidade para fortalecer o espírito. Eu me fortaleço muito quando oro um Pai-Nosso com várias pessoas. Experimente, escolha um lugar de sua preferência e comece a frequentá-lo. Será ótimo para a sua vida. E não julgue os responsáveis pelas orações, concentre-se no bem que vem do céu.

3. Entre em um grupo: oração ou familiar. Nos grupos, as pessoas se ajudam, há muita conversa, e, princi-palmente, você receberá orações.

4. Faça atividade física. É ótimo para a saúde mental. Antes, procure um médico e verifique se pode pra-

ticar esportes. Faça exames, sobretudo do coração. Inclusive, comecei a pagar aulas na academia para uma pessoa por ter certeza de que será ótimo para a vida dela.

5. Você precisa ter o seu lazer. É importante deixar a vida mais leve e alegre.

6. Cuide da alimentação e beba água na medida certa.

7. É muito importante ter amigos e a família para ajudar.

8. Se precisar, procure ajuda com psicólogo ou médico.

Em uma ocasião, levei um amigo ao médico para fazer um tratamento, e como ele estava muito agitado, o médico me permitiu fazer uma oração em voz alta para acalmá-lo. Unimos a medicina e a fé e foi maravilhoso.

Existem casos de pessoas que se livraram da depressão depois que começaram a frequentar uma comunidade para orar. Há muito tempo, uso duas estratégias para ficar forte mentalmente: oração e longas caminhadas.

Lembro-me de que, certa vez, comecei a ficar triste, parei de fazer atividade física. Eu me deitava no sofá e consumia bolachas em excesso. Sem perceber, fui engordando e a tristeza começou a me neutralizar para as atividades do dia a dia.

Um dia, recebi a ligação de um tio que me convidou para ir orar em uma sexta-feira. Fui e aconteceu algo extraordinário: no sábado, acordei muito bem, tive a sensação de que um peso de coisas negativas havia saído do meu corpo. No domingo, fiz uma caminhada de duas horas para afastar de vez a tristeza que queria afogar o meu coração.

Não fique isolado. Com muita determinação, vá procurar ajuda. Essas dicas são excelentes se forem realizadas.

Desejo paz e saúde para você e toda a sua família!

3

CARTA PARA O SENHOR JESUS CRISTO EM FORMA DE ORAÇÃO

Por favor, visite o ser humano que está com maus pensamentos contra a vida de outras pessoas ou a dele próprio. Purifique e afaste o mal da mente dos indivíduos que estão pensando em tirar a vida do seu próximo, elimine todos os pensamentos negativos. Ajude-nos a aproveitar o nosso tempo de vida levando paz aos ambientes.

Faço agora, alguns pedidos especiais: Remova do meu coração rancor, raiva e qualquer outro sentimento ruim. Ajude-me a perdoar todos que me prejudicaram. Auxilia-me a lembrar de alguém que eu ainda não perdoei. Peço desculpas por todos os meus erros cometidos até hoje. Afaste tudo o que for ruim e proteja meus familiares, parentes, amigos e o mundo. Se alguma pessoa estiver tramando coisas negativas contra a minha vida e contra a de meus familiares, limpe o coração dessa pessoa, fazendo-a mudar para a prática de boas ações. Envio só bons pensamentos para esse indivíduo, pois aprendi, em seus ensinamentos, que neutralizamos a maldade enviando o bem. Sou consciente de que somente pela minha fé em ti, **Jesus Cristo**, irei afastar o mal. Neutralize toda ação negativa contra a minha vida e a das pessoas. Agradeço por tudo: saúde, paz, alimentos, estudos, emprego, esportes, fami-

TESTEMUNHO: DEUS APARECEU E ME CUROU!

liares, amigos e todos os meus projetos. Por favor, ajude os doentes nos hospitais, os estudantes em seu primeiro emprego, os desempregados, as pessoas com fome, com depressão e outros problemas. Abrace, com todo amor, a família que vive a dor da perda de um familiar. Nesse momento, eu coloco o Senhor no meu coração, peço a cura espiritual, saúde para o meu corpo, sabedoria para continuar a minha missão e fazer o melhor na vida profissional e pessoal. Envie a paz ao planeta Terra, que o amor vença a guerra. Cuide dos países que passam dificuldades com alimentos e outras estruturas básicas. Tire a idolatria da vida das pessoas para terem liberdade e sigam na Terra sem escravidão, recebendo todo o bem que vem do céu. Não conheço o futuro. Abençoe todos os meus planos. Caso eu esteja fazendo escolhas erradas, ajude-me a corrigir tudo. Coloque o seu poder nesse livro, para abençoar a mim e aos leitores, para mantermos uma mente positiva, com bons pensamentos, e força para afastar os negativos. Obrigado, Senhor **Jesus Cristo**, por receber a minha carta. Amém.

4

SOBERBA NÃO, PERGUNTAR, SIM

O segredo para o sucesso é buscar conhecimento. Seja por meio dos estudos ou com a troca de informações com outras pessoas. Melhorou muito o meu trabalho, e até a minha vida pessoal, depois que entendi que para conseguir realizar os meus projetos com qualidade é necessário buscar informações na fonte.

Percebo que as pessoas têm vergonha de não saberem as coisas e acabam cometendo erros por falta de humildade em perguntar. Quando um cliente me faz uma pergunta e eu não sei responder, peço um tempo e vou pesquisar. Para segurança, procuro esclarecer a dúvida com mais de uma pessoa. Então, retorno ao cliente e passo a informação correta. Não tenho o mínimo receio em esclarecer um assunto com as pessoas. Vergonha é passar uma informação errada.

No mundo atual, tudo é escrito nos aplicativos de mensagens. Temos que tomar muito cuidado com o que escrevemos. Explicação: errar é humano, mas, passar a informação mesmo não dominando totalmente o assunto, é uma falha grave. Procure conferir quando escrever as mensagens, no mínimo três vezes, para evitar problemas.

TESTEMUNHO: DEUS APARECEU E ME CUROU!

Fiz mais de trinta revisões nesse texto, olhando palavra por palavra, para verificar se as sugestões estão bem direcionadas. Não se vanglorie, não podemos humilhar as pessoas, principalmente os mais humildes. Exemplo: tudo de bom que tem neste livro, afirmo 100% que é graças à orientação do Senhor **Jesus**. Fui apenas um instrumento para desenvolver este projeto.

A soberba é ruim e afasta as pessoas, muitos erros são cometidos por excesso de confiança. Alguns seres humanos não aceitam que a verdade e a informação correta venham de outra pessoa. O soberbo não ouve e diz que está sempre com a razão; é muito difícil conviver com esse tipo de indivíduo. O ser humano que estudou e adquiriu conhecimento deve ter paciência com todos e não humilhar as pessoas. Sabedoria é usar o seu talento para beneficiar a si próprio e às outras pessoas. Não sou perfeito, mas tenho como meta falar a verdade sempre.

5

QUANDO RECEBER UM PENSAMENTO RUIM, NÃO PRATIQUE O MAL, CONTE ATÉ 10

Quando você receber um pensamento do mal, livre-se dele no mesmo instante. Não tome nenhuma atitude até se acalmar. Você sofre muito se deixar um pensamento ruim por muito tempo em sua mente. Não viva a energia negativa, a vida é real. Conte 1, 2, 3, 4, 5, 6, 7, 8, 9, 10, quando receber um pensamento de vingança contra outra pessoa, não planeje coisas negativas, livre-se do rancor. Libertação: deseje bons pensamentos para a pessoa que o prejudicou, neutralize o mal com o bem.

Toda vez que receber pensamentos errados como a inveja, ciúme e raiva, afaste-os imediatamente por meio da oração. Mesmo que receba várias, não deixe as ideias ruins prevalecerem. Quando eu, sem perceber, deixo um pensamento equivocado instalar-se em minha mente, após identificá-lo, afasto-o com a oração e peço perdão para o Senhor **Deus** pela demora da atitude. Não deixe o pensamento de raiva estragar a sua vida.

O ser humano precisa vigiar-se para não aceitar os pensamentos do mal. Infelizmente, as tragédias no mundo são construídas primeiro na mente. A pessoa que perde a tranquilidade e se envolve em um conflito, se arrepende depois da

TESTEMUNHO: DEUS APARECEU E ME CUROU!

discussão e perde tempo estragando o seu presente e, muitas vezes, o futuro. Temos que afastar o pensamento negativo quando ele chega.

Não faça o que está em sua mente. Acalme-se, respire fundo, não entre em conflito. Você receberá uma sensação de paz por evitar uma discussão. Aprenda a ficar feliz quando você conseguir trocar a turbulência por harmonia. Recomece sempre, domine a sua mente para afastar os pensamentos negativos. Se você desejar, vai conseguir ser uma pessoa equilibrada.

Todos são responsáveis em proporcionar paz no lar, no trabalho e no lazer. Quem consegue manter a serenidade em todos os setores da vida, tem mais facilidade para alcançar o sucesso. Se você não consegue evitar discussões e afastar os pensamentos ruins, procure ajuda, existem profissionais habilitados para auxiliar. Fé no Senhor **Jesus Cristo** para afastar o mal! Um grupo de oração em sua casa, uma vez por mês, vai abençoar a sua família e ajuda a acalmar o espírito.

Desejo que consiga afastar os pensamentos errados e ficar somente com os bons.

6

CHEGUEI NO MOMENTO QUE UMA CRIANÇA DE 2 ANOS CAIU EM UM TANQUE

Eu trabalhava em uma loja com vendas de geladeiras. Certo dia, fui fazer uma entrega em um vilarejo próximo. O nosso carro era muito velho e o pneu furou. Cometi um erro, não tinha um pneu reserva. Voltei de ré, até encontrar uma oficina em um grande posto de gasolina.

Ao descer do carro, um pensamento me levou: comecei a andar, até chegar na parte de trás do posto. Encontrei uma criança, de aproximadamente 2 anos, que estava na beira de um tanque cheio de água que era usado para arrumar pneus de caminhões. Cheguei bem no momento que a criança caiu e afundou. Corri e tirei-a do tanque. Nesse dia, eu aprendi que **Deus** é perfeito! Ele utiliza as pessoas para salvar vidas.

Peguei a menina no colo e levei-a para a frente do posto, e, com a ajuda da mãe e de algumas pessoas, ela foi salva. Isso marcou a minha vida, pois, ajudei a cumprir o plano do Senhor para salvar uma criança.

Agora, apresento algumas dicas para evitar esse tipo de situação: Tem que ter um adulto cuidando das crianças o tempo todo; verifique se não há algum brinquedo que possa machucar; muito cuidado com o fogão, as crianças não podem ficar sozinhas na cozinha; quem mora em apartamento, as janelas devem ter redes de proteção; cuidado com piscinas. As crianças são inocentes e não conhecem o perigo!

7

LIBERTAÇÃO DE UMA PESSOA PERTURBADA POR ENERGIAS NEGATIVAS

Fiquei muitos anos ajudando um amigo. Ele ficou perturbado porque deixou muitas pessoas opinarem sobre sua vida e fazia coisas malucas para tentar ficar bem. Foi uma guerra espiritual e **Deus** foi a minha força para ajudar. Todas as vezes que o levava para orar, deixava-o equilibrado.

É ruim quando o ser humano perde a confiança em si próprio e começa a viver de fantasias, seguindo coisas erradas. Aproveito este livro para dizer que você não deve complicar a sua vida. É tudo muito simples, tenha fé e confie em seu potencial. Não entregue a sua vida para pessoas que não têm a mínima condição de ajudá-lo; não se perturbe.

Desde criança, tenho fé e procurei não ter nenhum tipo de idolatria. Entregar a vida para idolatrias acaba gerando vários problemas. Você tem que confiar em você, no seu talento, preparar-se, estudar e trabalhar para chegar ao seu objetivo. Você é livre, tudo vem de **Deus**.

Voltando ao amigo, numa sexta-feira, aconteceu um fato muito difícil. Ele teve uma crise grande, então, larguei tudo e fui acudi-lo. Quando cheguei na casa dele, encontrei-o muito confuso mentalmente, delirando. Lembro-me de que eu não podia falar nada, qualquer palavra ele ficava nervoso.

Primeiro, orei em silêncio e pedi coragem e sabedoria. Em seguida, fiz uma oração em voz alta para acalmar o ambiente.

Confesso que foi uma situação nova em minha vida, muito difícil. Tive que me concentrar muito para manter a calma e não sair de perto do meu amigo.

Ele insistia em ir a uma empresa para fazer um negócio sem fundamento. Aceitei para ganhar tempo. Dirigi muito devagar, pois, recebi um pensamento que me alertou para me cuidar e não bater o carro. Esse recado de cuidado foi muito forte.

Eu não queria chegar à empresa porque o negócio que o amigo queria fazer não existia; mas, eu não consegui colocar a verdade na mente dele. Acendeu uma luz no carro e ele se acalmou ao ver o nome de **Cristo** escrito na minha camiseta. "**Jesus** nos deu autoridade para afastar o mal por meio da fé."

Quando chegamos ao destino, orei em pensamento e avisei a todos de que ele estava surtando. Assim, nada de grave aconteceu. Quando saímos da empresa, os delírios do meu amigo aumentaram. Ele estava muito perturbado e queria que eu o ajudasse a fazer algo errado. Tive vontade de ir embora, mas mantive a calma e o pensamento de que a minha missão era ajudá-lo para que ele não maltratasse a sua família. Deixei-o em casa e, para minha surpresa, quando voltei, na parte da tarde, ele estava mais calmo.

Hoje, ele vive com equilíbrio junto aos seus familiares, faz tratamento médico e cuida da parte espiritual, com fé no Senhor **Jesus Cristo**. Se você está com problemas, procure profissionais habilitados para ajudá-lo. Atualmente, há ótimos médicos e psicólogos, que conseguem ajudar as pessoas com algum problema desse tipo.

Tenha muita fé e vá orar em um lugar de sua preferência; oração em comunidade sempre ajuda. Analise os conselhos que você recebe e não aceite sem saber a procedência. Porém, uma pessoa honesta que pratica o bem, se tiver o dom, pode ter uma boa palavra para ajudar.

TESTEMUNHO: DEUS APARECEU E ME CUROU!

Gosto das pessoas que oferecem conselhos seguindo os ensinamentos de **Jesus Cristo**: amor, paz, perdão e sabedoria. Eu consigo resolver os meus assuntos pela oração. Muitas vezes, me fecho no quarto e fico conversando com **Deus**. Conto tudo: os meus medos, as dúvidas e os projetos. Como as pessoas fazem com as psicólogas. E quando não estou bem, vou orar em comunidade para purificar o meu espírito.

Desejo que as sugestões deste texto o ajudem.

8

CUIDE DA SAÚDE: AFASTE O ESTRESSE, A TRISTEZA E A DEPRESSÃO

Na função de supervisor de equipe, ajudava a resolver os problemas sem colocar o estresse nas minhas costas. Às vezes, quando fico sozinho, falo: "Não estou só. **Deus** está comigo". Assim, consigo ficar em paz.

Dicas para afastar o estresse: almoce com os seus familiares em um lugar diferente quando tiver oportunidade, separe um tempo para o lazer predileto e descanse a mente sem pensar em nada; na turbulência, muita calma, evite discussões e agressões. A impulsividade pode causar danos, até mesmo, na convivência. Seja no trabalho ou na vida pessoal. A cada conflito evitado, receberá uma sensação de paz; preze pela harmonia. Em muitos casos, quando há muita desavença na família, por exemplo, é necessário a ajuda de um bom profissional, como um psicólogo. Faz bem desabafar e, ao mesmo tempo, buscar o equilíbrio.

Em uma ocasião, paguei uma psicóloga e enviei para uma família amiga, que estava com problemas, com muitas discussões. Já na primeira sessão houve resultado. Atualmente, a família vive com mais harmonia.

O que não podemos, é discutir todos os dias, pois, isso gera muito estresse. É possível sim, manter um ambiente com paz e amor. Quando duas pessoas discutem, se uma delas

TESTEMUNHO: DEUS APARECEU E ME CUROU!

quiser, o conflito acaba e a paz reina no ambiente. É necessário ter como meta levar harmonia para todos. Tenho esse objetivo em todos os setores da minha vida.

Agora, dicas: procure organizar tudo para evitar excitação emocional. Exemplo: se você tiver uma viagem importante de negócios, comece arrumar a sua mala com bastante antecedência. Faça uma lista de tudo o que você vai precisar durante a sua viagem, mesmo as coisas simples, como o pente para o cabelo. Uma prova na faculdade, não deixe para estudar na última hora. Estude diariamente, aprendendo tudo com calma. É melhor se preparar para os seus compromissos, organizando as ações com antecedência.

Também, cuide do seu orçamento, não faça dívidas, tenha uma reserva. Vida financeira desorganizada causa muito desgaste e preocupação. Se você tem que trabalhar no outro dia, durma para descansar, deixe o seu lazer para quando estiver de folga.

Outra forma de evitar o estresse é fazer as coisas certas, então, seja honesto. Não comprometa o seu futuro! Dou-lhe um exemplo: fazer um negócio aceitando uma vantagem financeira desonesta pode gerar aborrecimentos. Se você trabalha com vendas, use argumentos verdadeiros. Uma reclamação de um cliente que descobriu que você mentiu será um grande estresse.

Não cuidar da saúde também gera problemas. O nosso corpo necessita de cuidados: beber água diariamente e consumir alimentos saudáveis. O ser humano não é uma máquina. Fique atento: procure um médico com frequência para evitar problemas no futuro.

Conheço pessoas com 80 anos que vivem bem, com corpo e mente saudáveis, pois, também cuidaram da parte espiritual. Se você não está em um caminho bom, tenho uma boa notícia! Não importa a sua idade, arrependa-se dos seus erros, perdoe a todos e peça perdão em oração. Comece uma nova vida, tire tudo o que está lhe prejudicando. Recomece visando melhorar a sua existência na Terra.

Para quem tem crianças pequenas é possível organizar o futuro. A criança que frequenta uma boa escola, pratica esportes e, principalmente, aprende os ensinamentos da palavra de **Deus**, vai oferecer mais tranquilidade aos pais no futuro. Escolha um lugar de sua preferência e leve os seus filhos para orar em comunidade.

Resumindo: para ter uma vida em paz, temos que organizar de forma correta todos os setores – pessoal e profissional.

E se você tem depressão, seguem alguns conselhos:

1. Fé em **Jesus Cristo**! Acredite e pense que vai ficar bem. Monitore-se para afastar os pensamentos negativos e se fortaleça nos positivos.

2. Vá orar em comunidade. Isso abençoa o seu espírito, pois a oração com mais pessoas faz bem para a nossa mente.

3. Entre em um grupo – familiar ou de oração. No grupo familiar conhecerá pessoas e, acima de tudo, receberá orações. Muitas curas da depressão acontecem pela oração.

4. Pratique algum tipo de esporte. Você se surpreenderá com os benefícios, sobretudo para a saúde mental. Consulte o seu médico e verifique se pode fazer uma atividade física, em especial faça exames do coração.

5. Descubra o seu lazer predileto e vá se divertir! Deixe a sua vida mais leve.

6. Aproxime-se dos bons amigos e da família. Isso lhe fará feliz.

7. Se precisar, consulte um psicólogo ou um médico.

TESTEMUNHO: DEUS APARECEU E ME CUROU!

Não fique sozinho, solicite ajuda! Veja o que lhe deixa feliz, mude para melhor, viva!

Para escrever esse texto, realizei uma pesquisa minuciosa, analisando vários fatores. Faça o bem no espaço em que vive, leve paz e amor a todos.

9

NÃO FAÇA FOFOCA, DIFAMAÇÃO OU DISCRIMINAÇÃO

Eu tinha aproximadamente 17 anos, estudava à noite e fui surpreendido com uma acusação. Uma pessoa me falou: Você estragou as árvores da praça. Recebi essa informação, surpreso, respondi: Não fiz nada. Não é verdade. É uma sensação muito ruim ser acusado de algo que não fizemos. Hoje perdoo, desejo tudo de bom na vida de quem me difamou. Temos que tomar cuidado para não difamar as pessoas ou até mesmo empresas. Nos treinamentos, eu sempre orientei os profissionais a não fazerem fofoca no ambiente de trabalho, mas difamação é algo bem mais grave. Escrever ou compartilhar conteúdos na internet, como informações falsas, não é correto. E com certeza, gera problemas a todos os envolvidos. Portanto, não faça isso!

Agora, vou falar sobre a famosa fofoca. Acho deprimente quando chego em um grupo de pessoas e o assunto é falar mal dos outros. A conversa começa com fofoca e pode virar difamação. Peço licença e, com educação, saio do grupo se o assunto for apontar erros de pessoas que não estão presentes. As pessoas não têm consciência de que alguém contará para a vítima.

É importante ainda, falar da discriminação. **Jesus Cristo**, quando esteve na Terra, curava os doentes que eram discriminados. Ele não separou as pessoas, dando a oportunidade para todos receberem o evangelho.

TESTEMUNHO: DEUS APARECEU E ME CUROU!

Explicação: levar para dentro da sua casa e contar os seus segredos, será somente para as pessoas que você confia. Estou orientando para não discriminar, mas, para a sua segurança, você pode sim, conviver na sua intimidade somente com amigos que você conhece, e nos quais acredita. Temos que entender que o ser humano tem o livre-arbítrio para seguir o seu caminho e não podemos colocar nas nossas costas escolhas erradas de outras pessoas. É correto você pesquisar e ter prudência para não se envolver em situações perigosas.

Não discrimine, não segregue as pessoas, não seja injusto se baseando em sua religião, sexo, raça, etc. As crianças devem ser ensinadas desde pequenas a não fofocar, difamar ou discriminar. Com o amor e a sabedoria de **Deus** a vida fica mais fácil!

10

USEI A CALMA PARA ME RELACIONAR COM UM FUNCIONÁRIO MUITO NERVOSO

Não podemos gritar com as pessoas, seja em casa, no lazer ou no trabalho. Quando uma pessoa fica nervosa e perde o controle, ela pode falar palavras agressivas, ofender o próximo e até cometer um crime. O respeito é fundamental com todos!

Vou relatar momentos da minha vida profissional e particular. Como já disse, ocupei o cargo de supervisor em uma grande empresa. Fui bem-sucedido porque usei técnicas de relacionamento: ter calma e evitar discussões em público. Também usei a estratégia de resolver os assuntos sempre em particular, pois assim, é possível evitar constrangimentos. Ninguém gosta de ser repreendido em público.

Eu treinava a minha equipe diariamente para que o trabalho fosse executado com excelência. A grande falha das empresas é não ensinar seus empregados. Pode ser feito um treinamento simples, usando a estrutura disponível, e se tiver que corrigir o desempenho do funcionário, faça-o em particular.

Você pode, por exemplo, ir anotando as falhas do seu empregado em uma agenda e resolvê-las nos treinamentos. Se for em grupo, não cite nomes para não gerar constrangimentos

TESTEMUNHO: DEUS APARECEU E ME CUROU!

e discussões. Se você quer que seu funcionário demonstre o seu produto com qualidade, chame as pessoas de senhor e senhora; ele deve ser orientado para isso.

Hoje, na minha empresa, sou imparcial, vejo as pessoas como clientes, sem discriminar ninguém. Sem clientes não existem negócios.

Como um desafio, na minha equipe entrou um funcionário que gritava com todos. As pessoas tinham certeza de que eu não iria conseguir me relacionar com ele. Lembro-me de que, com o meu planejamento de manter a calma, consegui direcionar esse vendedor. Eu o tratava com muito respeito, mas com firmeza também. Ele aceitou o meu comando e me tratou com muita calma e consideração. Esse colaborador ficou na minha equipe por muito tempo.

Foi nessa época que descobri que o caminho para o sucesso era a serenidade em todos os momentos da vida. Vou contar um fato que aconteceu na área pessoal. Era cliente de uma empresa de peças para automóveis e a pessoa responsável era muito nervosa, brigava com todos. Várias vezes, ele tentou discutir comigo, mas foi em vão, porque eu estava mentalmente preparado para ficar tranquilo. Um dia, finalizei o pagamento do negócio e parei de usar seus serviços, mas consegui manter um bom relacionamento.

Hoje, o meu grande objetivo é manter a tranquilidade sempre. Coloque essa estratégia em sua vida: toda vez que ficar nervoso, tente permanecer calmo. Vai chegar um momento em que a mente irá se acostumar a levar a vida com serenidade. Desejo-lhe tudo de bom e que você consiga manter a paz tanto na vida profissional quanto na particular.

11

NÃO FAÇA ABORTO: O JOVEM ESTAVA DESEMPREGADO, SEM DINHEIRO E A SUA NAMORADA ENGRAVIDOU

Era uma vez um jovem de 19 anos com a missão de fazer uma palestra. Ele tinha um excelente professor, que o orientava para a necessidade de aprender a falar em público. Como treinamento, cada aluno escolhia um tema e apresentava para a turma valendo nota. O professor, inclusive, orientava os alunos a treinarem na frente do espelho. Tudo o que o jovem aprendeu foi muito importante para o seu futuro. Ele fez uma bela palestra, orientando para não fazerem aborto e apresentou excelentes argumentos.

Após concluir os estudos em sua cidade do interior, esse estudante se mudou para capital. Um belo dia, recebeu a notícia de que a sua namorada estava grávida. Ele tinha muita fé em **Deus** e a hipótese de aborto não passou pela sua cabeça. Lembrou-se da palestra em que havia orientado a sempre optarem pela vida.

Nessa época, aconteceram várias coisas, simultaneamente, na vida do jovem. Ele pediu demissão do seu emprego, não conseguia pagar a prestação do apartamento e outras despesas. Ele era muito novo e sem experiência, mas tinha muita fé em **Deus**.

TESTEMUNHO: DEUS APARECEU E ME CUROU!

Quando o bebê nasceu, ele não tinha dinheiro para colocar gasolina, nem fazer compras no mercado. A situação estava muito complicada. Mas, sem perder a fé, pois, tinha certeza de que estava fazendo o certo e tudo iria melhorar. Depois do nascimento da criança, foi incrível como ele cresceu espiritual e profissionalmente. Ele ficou mais responsável, analisando melhor as coisas antes de tomar as decisões. A sua vida melhorou, arrumou um ótimo emprego resolvendo todos os seus problemas relacionados a dinheiro.

Hoje, ele tem o que precisa e a sua filha existe devido à sua fé em **Deus**. O jovem agradece todos os dias pela decisão acertada. Ele orienta as pessoas que estão pensando em fazer aborto a deixarem a criança nascer. Tirar o feto não vai resolver nada, a vida de uma criança compensará qualquer coisa que você pense estar perdendo.

O jovem tinha pouco mais de 20 anos quando a sua namorada engravidou, e graças à sua fé, ele não cogitou a possibilidade de fazer um aborto para curtir a vida. Sabia que enfrentaria obstáculos, mas, com a sua filha ao seu lado tudo iria melhorar, como realmente melhorou. A mãe da criança também teve um ótimo papel nessa história real. Ela se empenhou para oferecer educação, estudo e tantas outras coisas necessárias à filha. Seja forte, procure ajuda de pessoas do bem e não faça aborto.

Tenha fé no Senhor **Jesus Cristo** e peça força em oração! Você será mais feliz se deixar a criança nascer, encontrará forças para cumprir a sua missão.

É fundamental o apoio dos pais; o carinho e amor devem ser usados para ajudar. Pais, quando souberem de uma gravidez não planejada, ajudem, não julguem e não façam cobranças. A criança já existe, aceitem-na com amor no coração. Muitas famílias encontraram a felicidade com o nascimento de uma criança.

A serenidade é fundamental para tomar a decisão certa. E digam não ao aborto!

12

ATENÇÃO, PESSOA FÍSICA E EMPRESAS! NÃO ENTREM NA ARAPUCA DA INTERNET!

Em primeiro lugar, oriento sempre a responder às mensagens. Exemplos: você iniciou uma conversa com uma empresa sobre um determinado produto, mas, perdeu o interesse. Escreva dizendo que mudou de ideia. Se alguém solicita alguma coisa, atenda imediatamente, dizendo se pode ou não fazer o pedido. É falta de educação não responder às mensagens. Mesmo que você coloque a opção para não mostrar que visualizou, a pessoa sabe que você viu; em algumas exceções pode não ter visto.

E se alguém não responder à sua mensagem, não seja grosseiro, não difame, por meio de áudios ou textos. Siga a sua vida, não adianta criar desavenças. Não podemos mudar o comportamento de pessoas que não conhecemos, sendo assim, seja educado e não discuta com ninguém. Se um cliente desistiu do seu produto, seja honesto, vá prospectar outro cliente – paz e amor sempre.

No passado, era mais fácil manter as amizades. Não existia o contato diário e, às vezes, víamos uma pessoa depois de muito tempo. Então, era um encontro com muita harmonia. Não era possível nem fazer uma ligação por telefone, porque

TESTEMUNHO: DEUS APARECEU E ME CUROU!

a maioria das pessoas não tinha telefone, o contato era por cartas. Para escrever uma carta, ficávamos analisando todas as palavras, pois não podíamos errar.

Lembro-me da satisfação e da alegria de encontrar os parentes. Era tudo com muito respeito e amizade. Hoje, caímos em uma arapuca em grupos e páginas de amizades na internet. Fazemos inimigos em segundos, com pessoas que não sabemos nem se existem. Sofremos com as brigas na internet que, muitas vezes, vão parar nos tribunais. Nos grupos, brigamos com parentes que não vemos há anos, estragamos relacionamentos. Algumas pessoas esquecem-se da realidade e vivem tudo o que é publicado nos grupos.

Na minha página de evangelização, quando aparece alguém querendo discutir e arrumar confusão, eu não entro no conflito. Não tenho tempo a perder arrumando inimigo, principalmente porque eu não sei quem é a pessoa; além de tudo, pode ser perigoso.

Também percebi que os relacionamentos no individual são mais fáceis, geram menos problemas. Cheguei à conclusão de que os grupos na internet são muito sensíveis e podem estragar amizades, se não houver sabedoria por parte de todos. Sempre tem alguém saindo, porque não gostou de determinada publicação. O problema é que, às vezes, as pessoas brigam usando áudios ou textos e viram inimigas. Estou optando em visitar as pessoas, pois acho muito mais saudável.

Faço uma pergunta agora: "Há quanto tempo você não vê pessoalmente seus parentes"? A minha orientação é: não caia na armadilha da internet e não perca tempo com inimizades. Seguem algumas dicas para você melhorar seus relacionamentos!

Se aparecer na sua página uma pessoa querendo discutir, não aceite o conflito, não escreva, não responda, siga a sua vida sem aceitar o inimigo. Não podemos brigar com as pessoas; pode ser arriscado e gerar consequências desagradáveis.

Nos grupos da família e amigos, fique consciente de que as publicações não são para chamar a sua atenção. Não aceite as provocações, não discuta por mensagem escrita ou áudios, pois tudo pode ser usado contra você. Um áudio de fofoca, por exemplo, pode ser enviado para muitas pessoas, o que estraga a sua imagem. Mantenha uma postura de paz, participe de um grupo para ficar feliz. Infelizmente, existem pessoas que ficam provocando o tempo todo. Nesse caso, a melhor decisão é não discutir e sair.

Quero conscientizá-lo de que é inútil arrumar inimigos na internet, sejam desconhecidos ou parentes. Muitas pessoas perdem cargos, empregos e negócios, por discussões desse tipo. Para os grupos de negócios de uma empresa, seguem os mesmos cuidados, e indico duas opções: Em primeiro lugar, coloque no aplicativo que somente o administrador pode enviar mensagens e que os assuntos devem ser tratados no individual. Em segundo lugar, se a opção for por todos poderem enviar mensagens, explique as regras sempre que uma nova pessoa entrar. Não permita que o grupo perca o foco e não cumpra as normas.

Participo de grupos de negócios que funcionam muito bem, porque as regras são cumpridas rigorosamente. Inclusive, na minha opinião, as empresas devem oferecer as duas formas de atendimento para os seus clientes: 100% digital e presencial. Muitas pessoas não têm computador, impressora ou acesso à internet de qualidade em casa; outras não têm paciência com o mundo digital, gostam de resolver os assuntos pessoalmente e, sobretudo, de serem atendidas com excelência.

Algumas empresas esqueceram que a máquina não gera fidelidade e, sim, o ótimo atendimento das pessoas. Quando o cliente visitar a sua empresa, deve ser bem tratado. Convide-o para se sentar, ofereça água. Ainda, ao visitá-lo, ele pode se interessar por outros produtos da sua empresa.

TESTEMUNHO: DEUS APARECEU E ME CUROU!

Voltando à ideia inicial: muito cuidado com as mensagens! Não as envie sem antes analisar o que escreveu. Coloque-se no lugar da pessoa e veja se não está desrespeitando, discriminando, fazendo fofoca, difamando, etc. Quando for passar informações, confirme-as com várias fontes. Essas são dicas importantes para a sua vida.

Lembre-se sempre: tudo o que você fala ou escreve pode gerar alegria, ou turbulência. Entenda: não estou dizendo para você não participar de grupos, apenas o faça com sabedoria. Use o grupo para melhorar relacionamentos e não para criar inimizades com parentes ou amigos que não vê, muitas vezes, há anos.

Desejo muita sabedoria para você usar a internet!

ATROPELEI UM CACHORRO DE ESTIMAÇÃO

No começo de janeiro de 2017, atropelei um cachorro de estimação na praia. Todas as pessoas, inclusive a dona, falaram que ele tinha morrido. Para consolar o meu coração, antes de ir embora, entreguei o meu cartão de evangelização para todos.

Cheguei em casa e cometi um erro. Falei para **Jesus**: "O seu nome está escrito no vidro do meu carro. Uso o veículo para fazer o bem para as pessoas. Por que o Senhor não evitou o atropelamento do cão"? Depois me arrependi e pedi perdão. Raciocinei e percebi que o animal havia vindo em direção ao meu carro. Após o episódio, muito triste, segui com minhas atividades e fui cortar a grama, emocionalmente abalado, chorei. Não me conformava de tê-lo atropelado. Fiquei me cobrando por não evitar o acidente.

Depois de uma semana, o inesperado aconteceu. Estava almoçando quando recebi a ligação da dona do cachorro. Onde ela relatou: "A minha filha foi enterrar o cachorro e, para a nossa surpresa, ele ergueu a cabeça. Ficou três dias entre a vida e a morte, e depois de uma semana, ficou bom". Fui visitar o cachorro. Ele estava correndo e com saúde. Foi um milagre! Fiquei muito feliz pela vida do animal.

Obrigado, Senhor **Jesus Cristo**, por ter me oferecido esse presente maravilhoso, a recuperação do amiguinho de estimação!

14

SÓ DESCOBRI UM PROBLEMA DE SAÚDE, DEVIDO AO HÁBITO DE IR AO MÉDICO FAZER EXAMES DE ROTINA

Fiquei doente e iniciei um tratamento, mas, não melhorei. O médico disse que mudaria os medicamentos e, se eu não ficasse curado, a solução seria a cirurgia. Eu não queria fazer o procedimento cirúrgico e comecei a orar, pedindo a **Deus** pela cura. Antes de iniciar um novo tratamento, orei muito e sonhei que eu mesmo havia tirado um tumor do meu corpo com as mãos. Fiz o tratamento tomando rigorosamente os medicamentos e, graças a **Deus**, fiquei curado.

Descobri a doença porque tenho o hábito de fazer exame médico geral, por isso, indico para todos irem ao médico e fazerem exames sempre. Temos que antecipar aos problemas.

Recentemente, um exame de sangue mostrou triglicerídeos altos. Perguntei ao médico o que deveria fazer para baixar. Depois de uma pesquisa, descobrimos o alimento que eu estava consumindo em excesso e que estava causando o problema. Mudei para uma alimentação saudável, inclusive com dicas de uma nutricionista. Nos exames futuros, os triglicerídeos estavam baixos.

Deus ajuda com sabedoria: faça sempre exame médico geral, pois, pode antecipar e resolver vários problemas de saúde. Fale com o seu médico e com uma nutricionista para saber quais alimentos fazem bem para a sua saúde.

Após escrever esse texto, tive uma revelação referente à minha saúde. Atualmente, eu procuro praticar bastante esportes: musculação, caminhadas, corridas de rua, embaixadinhas com bola e outros. A minha alimentação é saudável e consumo água na medida certa. Só que sou apaixonado por doces. Como faço atividade física, pensei que não teria problema.

Comecei a sentir tonturas, dores nos meus pés e visão mais fraca. Descobri o problema, quando fui visitar meus pais. Após usar o banheiro, saí para comprar um chocolate. Minutos depois, já senti tontura e fraqueza. Descobri que estava intoxicado com açúcar. Analisei que há anos estava com o hábito de comer várias barras de chocolate na semana, além de outros doces. Diminui imediatamente o açúcar e melhorou tudo: o pé parou de doer, acabaram as tonturas e fiquei com mais disposição. Hoje, sei que não devo ingerir açúcar em excesso. Fique atento aos sinais do seu corpo. No primeiro sinal, vá ao médico, mude para viver mais.

DROGAS: AFASTEI O PERIGO GRAÇAS AO QUE APRENDI QUANDO CRIANÇA

Há anos, faço uma campanha e arrecado alimentos para um lar que ajuda na recuperação de dependentes químicos. Uma boa notícia: não importa a idade, é possível, sim, afastar as drogas da sua vida.

Nessa casa de recuperação, jovens e adultos se libertam dos vícios pela fé, colocando **Jesus Cristo** no seu coração. Existem várias formas de se livrar da dependência: por meio do esporte, em clínicas de tratamentos, por influência de amigos, pela ajuda de familiares ou, simplesmente, por decisão própria.

Aqui, neste texto, vou falar especificamente da fé e dos milagres que acontecem dentro das igrejas. Em muitos casos, a pessoa tem boa estrutura familiar e abandona tudo para ser escrava dos vícios. Sempre falo que os pais devem, em primeiro lugar, apresentar **Deus** para os filhos, depois vêm os estudos e, então, esportes e outros. Em algumas igrejas, há professoras voluntárias para ensinar as crianças enquanto os pais participam das orações. São professoras com bagagem cultural e espiritual.

Alguns pais não preparam os filhos para o mundo e os adolescentes se tornam presas fáceis para os vícios destrutivos. Vou dar um exemplo para os pais entenderem. Numa determinada rua, ao virar a esquina, abriu uma enorme cratera.

Antes de virá-la, um carro foi parado pelo agente de trânsito, orientando o motorista que conseguiu desviar do buraco. Por um descuido, o condutor do outro carro não foi avisado e caiu dentro da cratera. Ao ser retirado de lá, constatou-se perda total do veículo, além de o motorista ter ficado ferido.

Assim acontece com o adolescente que recebeu os ensinamentos de **Deus** desde pequeno. Ele será mais forte para dizer não às drogas, pois, foi avisado do perigo. A criança que não teve ensinamento nenhum, quando jovem, estará mais vulnerável.

A dificuldade para libertar uma pessoa das drogas é igual a tirar o carro que caiu no buraco, mas, é possível eliminar o vício com a ajuda de **Deus**. Não ofereça bebidas alcoólicas para seus filhos e cuidado com o seu exemplo. Noto que muitos jovens, enquanto têm dinheiro para gastar nas festas, têm muitos amigos; depois que vão morar na rua, dá para contar nos dedos.

Desde pequeno, com mais ou menos nove anos, frequento à igreja. Era orientado pelos meus pais a ir todos os domingos pela manhã. Lembro-me, como se fosse hoje, que o palestrante sempre repetia no sermão: "Seja honesto, faça caridade, não aceite as coisas erradas." Esse livro é uma forma de ajudar, estou passando informações preciosas da ação do Senhor em minha vida.

Quando completei 14 anos, as dicas que aprendi na igreja foram fundamentais. Poderia ter me rendido às drogas e às coisas erradas do mundo. Foi uma briga muito grande em minha mente. **Deus** me puxando para o bem e o mundo de destruição querendo me levar. O bem venceu e eu não quis continuar a viver no lado ruim. Infelizmente, perdi vários amigos devido às drogas. Eu tinha um amigo que era feliz, na época com 23 anos, fazia faculdade, com uma namorada

TESTEMUNHO: DEUS APARECEU E ME CUROU!

linda e um ótimo relacionamento com os pais. Tudo mudou quando começou a usar drogas. Abandonou a faculdade para desgosto dos seus pais, brigou com a namorada e dedicou os seus últimos dias usando drogas. Aos 24 anos, foi embora desse mundo em um acidente de carro, após o consumo das drogas. Fale não para o mal na sua vida.

Foi fundamental eu ser evangelizado desde pequeno e aprender o certo para o meu futuro. Crescer na igreja, com os ensinamentos de **Jesus Cristo**, me deixou forte para afastar as drogas da minha vida. Leve o seu filho para orar sempre! Acredito que o meu exemplo de fé e superação pode ajudá-lo. Sempre vou orar para carregar a minha bateria espiritual. Só **Jesus Cristo** pode fortalecer o meu espírito.

As pessoas com problemas, além de outras ajudas, podem frequentar um lugar de sua preferência visando orar em comunidade. Quando oramos, a purificação espiritual acontece. O louvor é uma bênção para a mente. Para lavar uma louça, precisamos de água, uma esponja e detergente. Assim é a vida espiritual: é necessário buscar ajuda para se purificar.

Certas pessoas estão sempre reclamando da vida, mas não fazem nada para melhorar. Muitas vezes, temos a missão de orar para o nosso familiar ou amigos e não fazemos. Não separamos um pequeno tempo, para louvar ao Senhor! Quando for orar em comunidade, não fique procurando falhas nas pessoas responsáveis pelas celebrações. Vá para receber a bênção e a sabedoria que vem do céu.

Aproveito para agradecer a todos os amigos das igrejas e do lar de recuperação de pessoas. Em especial, agradeço à igreja que me acolheu. Nunca vou me esquecer de que, em uma fase difícil, quando estava doente e com dificuldades no meu trabalho, além de receber ajuda espiritual da igreja, compraram o produto que eu vendia para me ajudar. Gratidão sempre!

Dicas: fortaleça os seus filhos(as)!

1. Sabedoria: fé em **Jesus Cristo**; leve-os na igreja de sua preferência.

2. Paz: ajude-os a descobrir o esporte preferido e incentive-os.

3. Amor: cuide dos estudos.

Desejo paz para todos!

16

COMO USAR A AGENDA

Hoje, sou muito eficiente no meu trabalho. Com apenas 20 anos, entendi o valor de usar a agenda de forma correta. Fui orientado a usá-la sempre. Por exemplo, se um cliente pede para ser atendido hoje, vou agendar. Se o pedido para ser atendido for já na próxima semana, dia 10, por exemplo, registrarei os dados no dia solicitado. Esse processo não falha. Na data, quando abrir agenda, estará anotado o compromisso.

É muito importante passar a informação para a agenda no mesmo momento em que receber a solicitação. Mesmo que seja algo simples, devemos anotar. O pedido pode não ser importante na nossa avaliação, mas, para o cliente é fundamental. Inclusive, essa é a grande falha de alguns prestadores de serviços: não atender solicitações simples, por não julgarem importantes ou por esquecerem. Mesmo que você esteja com o foco em um grande fechamento de negócio, anote os pedidos dos clientes. A pessoa que não teve a solicitação atendida ficará insatisfeita, e, pode ter certeza, é um a menos na carteira. Anote tudo e dê retorno para todos, e sempre use agenda no tempo presente e futuro. Uso até para as coisas particulares, na parte de cima é profissional, e as últimas linhas pessoais, assim consigo ser eficiente na minha vida. Se você sabe que não pode fazer determinada tarefa, dê o retorno para a pessoa, dizendo que não é possível atender à solicitação, assim o cliente não perde tempo e vai procurar outra empresa. Dizer não quando não tem o produto é certo, o que é errado é não falar nada e esquecer a solicitação. Isso não é comportamento de um profissional, e sim, de desrespeito. Use apenas uma agenda, coloque todos os dados e solicitações na mesma. Se você usar várias, vai se perder, quando precisar, terá que lembrar onde anotou as solicitações, isso é muito difícil. Não complique, gosto da famosa agenda de papel, que, de uma forma simples, é supereficiente. Só temos que ter cuidado para não perder e ficar sem as informações. A minha, normalmente, fica em casa, para evitar o risco de perder. Quando vou viajar ou visitar clientes, levo a agenda na pasta, de uma forma bem segura. Uso uma estratégia no caso de perdê-la: escrevo o telefone e o meu nome na primeira folha, oferecendo uma recompensa para quem achar. Muitas vezes, quem acha alguma coisa, quer devolver, mas, não tem o contato. Inclusive na carteira, é bom deixar o telefone e o nome para devolução. Organização é fundamental para o sucesso. São dicas simples, mas fundamentais para um trabalho eficiente.

COM 18 ANOS, CHEGUEI À CAPITAL PARA ARRUMAR EMPREGO. NA PRIMEIRA ENTREVISTA, FIQUEI MUITO DESMOTIVADO E COM MEDO

Com 18 anos, morava em uma cidade do interior do Paraná e tinha um grande conselheiro. Lembro-me de confiar muito em suas dicas. Ele me orientou a voltar com as orações e parar com as coisas erradas. Essa dica foi um toque muito forte em minha mente e voltei imediatamente para a casa de **Deus**. Por meio de uma brincadeira, ele conseguiu orientar a mim e a um amigo. Ele foi um anjo enviado para nos auxiliar.

Na época, conheci um jovem que morava em frente à minha casa. Tinha ótimos conselhos, era muito evoluído espiritualmente e se tornou um grande amigo. Inclusive, ajudando na minha mudança para a capital. Lembro-me de que falei: "Preciso mudar de cidade para buscar oportunidades de emprego". No mesmo momento, ele abriu as portas de sua casa na capital. Quando buscamos a direção do céu, encontramos pessoas do bem para ajudar.

No final do ano, me ajoelhei e falei com **Deus**: "Vou para a capital. Por favor, me ajude". Uma pessoa indicou-me um senhor que poderia arrumar um emprego. Esse homem me falou das dificuldades em conseguir uma oportunidade no mercado e me orientou a pegar o primeiro que eu encontrasse. Fiquei preocupado e fui orar para me fortalecer.

No outro dia, consegui dois trabalhos! Escolhi o que achei ser o melhor para mim. Após dois meses, fui registrado em uma grande empresa, a melhor escola de vendas da cidade.

Eu tinha um amigo que, além de encher a nossa geladeira com alimentos, achou no jornal anúncio de oferta de emprego. Lembro-me que ele afirmou: "Essa empresa será ideal para a sua carreira profissional". Obrigado pela ajuda, amigo!

A empresa tinha os melhores vendedores do mercado, com experiência e bem estruturados. Eu não tinha dinheiro, só andava de ônibus, não conhecia o mercado e nem tinha experiência com vendas. Era muito tímido, mas tinha muita fé.

No terceiro mês de trabalho, fui campeão de vendas da filial, e durante o ano assim continuei. Depois de um tempo, fui promovido a supervisor de vendas com sucesso. Nas reuniões para receber as medalhas, eu ficava em silêncio, muito emocionado. Tive um bom supervisor e um gerente que eram especiais para mim. Agradeço a ambos pela oportunidade.

Aprendi que devemos confiar em **Deus** em primeiro lugar. Tenho certeza de que sem a ajuda do Senhor, teria voltado para a minha cidade. A fé remove os maiores obstáculos e é fundamental para realizar os nossos objetivos.

Essa empresa foi muito especial, nela conheci ótimos amigos. Tenho muito carinho por esse tempo, momento abençoado em minha vida.

Seguem algumas orientações: Não deixe as pessoas negativas atrapalharem os seus objetivos; tenha fé, pois, o Senhor tem poder para nos ajudar; faça o seu melhor, estude, trabalhe com amor, cuide dos relacionamentos; para alcançar o sucesso é necessário renunciar às coisas erradas; coloque a honestidade em todos os setores da sua vida; se não conseguir o emprego dos sonhos, aceite o que aparecer; a carreira profissional é igual à construção de uma casa. Primeiro, é preciso fazer a fundação e depois colocar tijolo por tijolo até a conclusão; se você for uma pessoa honesta e dedicada, fará uma ótima trajetória no mercado.

Desejo prosperidade na sua vida profissional!

FREEI A MOTO E EVITEI UM ACIDENTE, POIS IMAGINEI UM VENTO MUITO FORTE

Estava viajando de moto à noite para o litoral, com pouca visibilidade, mas não estava chovendo. Normalmente, ando dentro da velocidade permitida por lei.

Quando já estava na metade do caminho, aconteceu algo sobrenatural. Fui surpreendido por um vento muito forte. Fiquei assustado e comecei a frear a moto. Quando estava quase parando, encontrei um caminhão acidentado no meio da pista, mas consegui desviar. Era uma noite muito escura, impossível de ver o caminhão parado. Só não bati, porque o vento me fez diminuir a velocidade e, mesmo assim, caí no acostamento. Levantei a moto e saí dali. Foi quando notei que não estava ventando, tinha imaginado, e isso salvou a minha vida.

Deus tem poder e graças à sua vontade nada de mal me aconteceu. Creio em **Deus**, no Filho **Jesus Cristo** e no **Espírito Santo**.

Dicas: use todos os acessórios de segurança, como capacete e luvas; tenha responsabilidade, dirija a moto com cuidado e dentro da velocidade permitida. A sua vida é preciosa; cuide também do seu próximo e, se beber, não dirija.

ESPOSO QUE JUDIAVA DA FAMÍLIA E O ANJO DA GUARDA COM A MISSÃO DE MELHORAR TUDO

Era uma vez um esposo que não cuidava da própria saúde, fumava e bebia, em excesso, além de não ter uma alimentação saudável. O seu anjo da guarda recebeu a revelação de que em pouco tempo ele adoeceria e ganhou uma missão: achar uma forma de fazê-lo parar com os vícios, assim ele ganharia anos de vida pela frente.

O anjo ficou desesperado, pois, não podia pedir ajuda para os amigos do homem, já que todos eles bebiam. Ele não conseguia falar com o sujeito nem por pensamento, que sempre estava bêbado, mesmo assim, fez uma tentativa. Colocou em sua mente o pensamento de que ele tinha que parar de beber para não ficar doente. O bêbado, ao receber esse pensamento, falou para o garçom: "Troque de marca, pois já estou recebendo maus pensamentos. Imagine se vou deixar da bebida! Eu adoro beber"!

Ele tinha esposa, um filho e um cachorro chamado Pai. O filho que deu o nome de Pai para o cão, pois, o seu de verdade não conseguia brincar, porque vivia bêbado. O cachorro era muito amado pelo menino.

O anjo estava muito triste, mas, finalmente, conseguiu montar uma estratégia com sucesso. O cachorro tomou uma vacina e passou mal. E o menino, muito pequeno,

TESTEMUNHO: DEUS APARECEU E ME CUROU!

pensou que ele havia morrido, entrou em desespero e teve uma crise de choro. Nesse dia, o homem, ao sair do trabalho, bebeu muito. Ao chegar em casa, muito bêbado, encontrou seu filho chorando no portão.

O bêbado perguntou: "Filho, por que você está chorando"? A criança respondeu, aos prantos: "O Pai morreu". O homem estava tão bêbado que pensou que estava morto, pois, se esqueceu que o cachorro chamava Pai. Ele começou a chorar também e pensou, porque não conseguia falar: Não posso ter morrido. Sou tão novo! Tenho uma esposa linda, o meu filho tem apenas 7 anos. Por favor, **Deus**, preciso de mais uma oportunidade. Vou parar de beber e de fumar. Sua esposa, como sempre, chorou com o sofrimento de todos da família.

O bêbado foi dormir pedindo uma nova chance, chorando muito. No outro dia, ao acordar, ficou surpreso. Afinal achava que tinha realmente morrido e recebido uma benção, uma nova oportunidade. E o cachorro tinha apenas dormido profundamente e já estava correndo no jardim com o menino.

O homem parou imediatamente de beber e fumar, transformando-se em um ser humano melhor. Além de cuidar bem do seu emprego e família, montou um projeto social para livrar as pessoas dos vícios. Foi uma festa no céu: o anjo foi recebido com aplausos e ainda ganhou uma promoção. **Jesus Cristo** sorria de felicidade, iluminando as estrelas.

20

O MEU BANCO FECHOU E FIQUEI SEM DINHEIRO. DEPOIS DE UM TEMPO, FUI VÍTIMA DO GOLPE DO CAIXA ELETRÔNICO E ROUBARAM TODAS AS MINHAS ECONOMIAS

Eu tinha uma empresa e colocava o meu dinheiro apenas em um único lugar. O banco fechou e fiquei sem capital de giro. Foi uma situação difícil, porque tinha custos diários. Fiz uma reflexão: "Não é um problema de saúde e, sim, financeiro". Pela minha fé em **Deus** vou superar esse obstáculo. Depois de alguns dias, para a minha surpresa, o banco me chamou para pagar tudo. Caso resolvido.

Infelizmente, após me recuperar do susto, tive outro problema inesperado. Era um sábado de manhã, com muito sol. Fui sacar um pequeno valor da conta corrente. O cartão ficou preso no caixa eletrônico e aceitei ajuda de uma senhora pensando ser funcionária do banco. Era um golpe. Sacaram todo o meu dinheiro da poupança. Só que o cartão roubado foi o da conta corrente, que não era vinculada à poupança. Na época era possível deixar as contas separadas para segurança.

Essa vez sim, foi muito difícil. Era final de ano e fiquei numa situação financeira complicada. Tinha uma equipe grande

TESTEMUNHO: DEUS APARECEU E ME CUROU!

de vendedores e o dinheiro seria usado para viagens e pagamento de comissões. Novamente, usei a fé em **Deus** e comecei tudo de novo, fazendo uma pequena reserva. Economizei o que foi possível.

Lembro-me até hoje do que uma pessoa falou: "Nunca irá recuperar o dinheiro". Porém, depois de vários anos, consegui fazer um acordo com o banco e recebi todo o meu capital financeiro. Naquela época, o tipo de golpe do qual fui vítima não era muito conhecido. Hoje, perdoo a senhora que me prejudicou. Desejo que se arrependa do caminho errado e mude para uma vida honesta.

Na época, tive ajuda do meu grande amigo, que me deu muita segurança e orientação para resolver o problema. Foi ele quem me indicou uma pessoa para finalizar o acordo com o banco. Agradeço a ambos pelo auxílio.

Aprendi que para segurança, o ideal é colocar os recursos financeiros no mínimo em dois bancos diferentes. Se acontecer algum problema com uma das empresas, não perdemos tudo. E dou mais um conselho: "É muito perigoso ir aos caixas eletrônicos fora do expediente bancário, pois o perigo de assalto é muito grande".

Certa vez, eu não tomei esse cuidado e fui ao caixa eletrônico em lugar bem deserto e fora do horário de expediente. Após ter sacado o dinheiro, quando estava entrando no carro, uma pessoa veio em minha direção para me assaltar. Para minha proteção, a viatura da Polícia virou a esquina bem quando eu seria assaltado e a pessoa saiu correndo.

Apresento dicas importantes em relação aos bancos: Procure ir ao caixa eletrônico quando a agência está aberta, porque sempre tem a segurança contratada pelo banco; não aceite ajuda de estranhos no caixa eletrônico e muita atenção com os idosos; não atenda nenhuma solicitação por telefone ou por mensagens no seu celular. Vá pessoalmente ao banco e fale com o gerente da sua conta; não deixe nenhum desconhecido mexer no seu aplicativo do banco no celular.

Outro ponto relevante, pois é um golpe muito comum hoje em dia: se receber mensagens com pedido de dinheiro emprestado, dizendo ser algum parente ou amigo, não responda. Ligue para o seu familiar para esclarecer o assunto.

Recordo-me que certa vez, pensei: "Um dia vou contar para todos que com fé superei esses três problemas".

Obrigado, Senhor **Deus**. A sua ajuda foi fundamental para me livrar do assalto e também para resolver os dois problemas com os bancos.

TRABALHO DIFÍCIL: NA ATIVIDADE FÍSICA, EU IMAGINAVA ÓTIMO EMPREGO E EXCELENTE SALÁRIO

No último ano em que morei na cidade do interior do Paraná, usei uma estratégia que foi uma bênção para a minha vida. Hoje sei que foi um plano de **Deus** para o meu futuro.

Eu trabalhava em uma loja das 8h às 18h. Ganhava muito pouco e quando recebia o salário só dava para pagar as pessoas que tinham me emprestado dinheiro. Eu gastava muito em festas: um problema de um jovem de 18 anos.

Lembro-me de uma vez que fui a uma festa e em única noite gastei todo meu salário. Hoje, aprendi a me relacionar com o dinheiro, não faço dívidas e sempre deixo uma reserva para eventualidades.

Não faço uma prestação sem primeiro pagar a existente e tenho um caderno com todas as despesas do mês. Sem limite de cheque especial e não deixo o banco colocar crédito na conta para não pagar taxas e juros. Aprendi que o melhor negócio é guardar o dinheiro para comprar à vista. Tomo muito cuidado com os pequenos gastos e parcelas.

Com 18 anos, devido à minha falta de experiência, tinha uma vida financeira desastrosa. Foi quando, sem saber, iniciei uma tática maravilhosa. Saía do trabalho às 18 horas, chegava em casa, colocava um calção e corria 4 km. Ao correr, fazia um filme positivo na mente. Eu me imaginava indo para a capital, arrumando um emprego, me destacando profissionalmente, morando em um apartamento e conhecendo bons amigos. Todos os dias o mesmo filme na mente!

Esse pensamento positivo durante a corrida era tão bom que me ajudava a suportar o meu emprego, que era muito difícil. Correr pensando na minha vitória era motivação para continuar. Como já disse, mudei para a capital e consegui realizar os meus objetivos. Arrumei um ótimo emprego em vendas e fui o melhor vendedor já no terceiro mês, com um excelente salário mensal. Rendimento suficiente para me sustentar e curtir a vida.

Impressionante, tudo aconteceu igual ao que imaginava na corrida, inclusive um apartamento para morar e ótimos amigos. Hoje, sei que pensamento positivo é uma bênção, uma estratégia para se viver bem. Tudo deu certo porque, além dos pensamentos bons, teve ação. Fui procurar um emprego melhor e descobri um talento que resolveu todos os meus problemas financeiros.

Se você não está satisfeito com seu trabalho, planeje-se para um futuro melhor: faça cursos, uma faculdade, se ainda não tiver. Não saia do seu trabalho atual sem a garantia de outra fonte de renda; vá desenvolvendo o plano b. Pensamento positivo e ação são as soluções. Temos que dominar a mente, afastando tudo o que for negativo.

A minha fé em **Deus** e o esporte me ajudam desde jovem. Sempre procure um médico antes de iniciar uma atividade física. Viva, valorize a vida, recomece sempre, seja feliz. Faça o bem para colher o bem.

CATADOR DE RECICLAGEM MACHUCOU A PERNA. LEVEI-O AO MÉDICO E O ORIENTEI SOBRE COMO ARRUMAR UM EMPREGO

Comecei a observar um catador de materiais recicláveis. No verão, o encontrava em vários pontos da cidade com o carrinho cheio. Um dia, conversamos e perguntei se podia ajudar em alguma coisa; entreguei-lhe alguns alimentos. Acabamos ficando amigos, e após conhecer um pouco da vida dele, fiz a doação de um fogão e uma geladeira.

O tempo foi passando e sempre o encontrava com o carrinho cheio. Um dia, estava indo viajar e o encontrei. Assustei-me ao vê-lo com a perna infeccionada, e mesmo assim puxando o carrinho. Ele me contou que sofreu um acidente, que até foi ao médico, porém, não tinha dinheiro para comprar os antibióticos.

Imediatamente, o coloquei no carro e o levei para receber atendimento no hospital. O médico atendeu e falou: Infelizmente, o antibiótico que vai curá-lo não tem aqui para doar. Diante disso respondi: Doutor pode fazer, por gentileza, a receita, que eu compro. Fui à farmácia e comprei o medicamento. E o alertei: "Tome certo porque, caso contrário, vai perder a perna".

Fiquei vários meses sem vê-lo e pensei o pior. Um belo dia, fiquei emocionado ao encontrá-lo, forte, e com a perna curada. Ele me agradeceu muito. Falei: "Agradeça a **Deus**. Somente o Senhor pode curar".

Passado mais um tempo, o encontrei novamente e ele me pediu auxílio para arrumar um emprego. Anotei o seu desejo em um papel e coloquei em oração, pedindo ajuda para **Jesus Cristo**. Um dia, recebi um pensamento para enviá-lo à agência de empregos. Assim que o reencontrei, entreguei um papel escrito, orientando-o a se apresentar na Agência do Trabalhador e se candidatar para conseguir um trabalho registrado.

Fiquei mais de meses sem vê-lo, até ser surpreendido com uma informação muito agradável. Ele mesmo me contou a novidade. Falou assim: "**Deus** colocou você para me ajudar quando estava com a perna doente e para conseguir trabalho. Fui onde me orientou e consegui um emprego registrado, com todos os benefícios. **Deus** fez milagre em minha vida. Muito obrigado".

Eu não imaginava que a orientação para visitar a Agência do Trabalhador era a resposta da oração. A partir desse dia, comecei a analisar com mais cuidado os meus pensamentos, pois, tive a prova de que, se for a vontade do Senhor, as orações são atendidas. Cheguei à conclusão de que, com um pouco de boa vontade, podemos ajudar as pessoas.

Eu fico comovido quando vejo as pessoas puxando um carrinho de reciclagem. É muito pesado. Recentemente, eu tentei puxar o carrinho de uma mulher e fiquei impressionado com o peso.

O trabalho do catador é fundamental para sociedade. Pensando na saúde e no meio ambiente, sugiro um projeto para fornecer carrinho elétrico para todos os profissionais. Desejo uma vida melhor para os catadores de materiais recicláveis. Escravidão não!

COM 15 ANOS, CONSEGUI UM EMPREGO DE APRENDIZ DE BALCONISTA

Todo trabalho é bonito e tem importância para a sociedade.

O meu primeiro emprego foi aos 15 anos. Comecei a trabalhar em uma loja como aprendiz de balconista. Eu limpava a loja, fazia pacotes, entregava as compras e atendia clientes a pedido dos vendedores. Foi nesse emprego que descobri que eu tinha muito talento para trabalhar na área de vendas.

Na primeira semana de trabalho, sem ninguém pedir, eu saí do meu setor de pacotes e levei um cliente para provar algumas roupas. Fui elogiado pelo gerente na reunião, que citou o fato para todos.

Eu começava o trabalho às 8h e só parava às 18h. Era muito corrido o tempo todo. Mas os colegas eram fantásticos, só pessoas legais, e isso era o ponto fundamental para eu continuar. Inclusive, deixei de estudar em uma cidade vizinha para ficar com os amigos do trabalho. O bom relacionamento foi fundamental para tomar essa decisão. Você, que está lendo, cuide do seu ambiente de trabalho, pois passa grande parte da vida em seu emprego, com os colegas.

Se eu tivesse rejeitado esse primeiro emprego, poderia não ter descoberto o meu talento para vendas. Como eu iria saber que a área comercial era o meu dom? Dica: analise as oportunidades. Muitas vezes, pode começar por um cargo menor e ir melhorando passo a passo.

Voltando ao meu trabalho... um dia fui fazer uma entrega! Estava em alta velocidade, de bicicleta, em uma descida. Olhei e vi umas amigas do colégio. Carregava um enorme pacote, mas, mesmo assim, larguei do guidão para fazer bonito na frente delas. Não deu tempo nem de pensar. Levei um tombo tão grande que rasguei toda a minha roupa. No meu braço, na mesma hora, surgiu uma enorme bola no cotovelo. Elas vieram me ajudar, porém, falei que não precisava.

Hoje, tenho orgulho desse meu primeiro emprego, porque serviu de base para toda a minha vida profissional. Como disse, tive ótimos colegas e, também, dois excelentes gerentes. Foi fundamental para a minha carreira profissional, o que aprendi com ambos.

Aproveito para agradecer ao meu querido gerente que, ao assumir a loja, me promoveu de chefe de pacotes para vendedor. Abençoo, com todo o amor de **Deus**, os meus dois gerentes e todos da sua família. Abençoo, também, todos os meus colegas de trabalho. Tenho muita saudade de todos.

O meu chefe, toda vez que tinha que passar uma orientação, fazia-o sempre em particular, em seu escritório, nunca em público. E assim, sempre fiz em meus empregos futuros, ou seja, sempre falar com o meu subordinado em particular.

Certa vez, recebi uma ordem para limpar o banheiro das mulheres. Em cima do vaso tinha um presente escrito com o meu nome. Era o meu aniversário. Foi uma surpresa muito agradável.

Aprendi muito nesse emprego e hoje tenho orgulho de tudo o que fiz. Dica: valorize o seu trabalho, por mais simples que seja. Tudo o que aprendemos serve de experiência para o nosso futuro. Esse meu emprego foi uma bênção em minha vida.

Agradeço à minha mãe, que foi falar com o gerente e conseguiu essa oportunidade maravilhosa.

24

ESQUECI MINHA CARTEIRA COM TODO O MEU DINHEIRO EM CIMA DO FREEZER DE SORVETE

Estava viajando a trabalho e cheguei em um posto de gasolina para abastecer o carro. Antes da viagem, recebi o dinheiro para pagar hotel, gasolina, pedágio e alimentos. Depois que paguei o combustível, fui pegar um sorvete.

Já estava a caminho de uma visita quando tocou o celular. Era o meu banco. Fui avisado de que a minha carteira estava no posto. Só aí fui ver que a tinha perdido. Voltei ao posto, agradeci a senhora e dei-lhe uma recompensa, porque na carteira estava todo o meu dinheiro.

Naquela época, não tinha o hábito de usar cartão e sem o dinheiro eu teria que interromper a viagem. Foi uma proteção de **Deus**! É bom saber que no mundo há pessoas corretas, seres humanos que não se corrompem por nada e que dinheiro nenhum pode comprar a sua honra.

Não se corromper é devolver o dinheiro recebido a mais no troco. É errado aceitar vantagem desonesta, falar inverdades nos negócios, não cumprir acordos comerciais, pegar dinheiro de uma pessoa sem permissão, por exemplo. Um pequeno erro acaba conduzindo para um grande. O que gera vida é a honestidade, fazer o bem, o que é ético e certo.

Eu sempre falo: "Prefiro comer um pão com ovo sentado na calçada do que me alimentar no melhor restaurante com dinheiro ilícito". É tão bom você trabalhar e juntar dinheiro mês a mês para comprar um bem material de maneira correta. Dos olhos de **Deus,** ninguém escapa. Temos que fazer o bem sempre.

Para você, que está lendo, dou alguns conselhos importantes: "Seja correto, recuse sempre qualquer proposta errada; não seja escravo da mentira; nunca, por motivo nenhum, vale a pena corromper-se".

Pode ter certeza, **Deus** não está com as pessoas que são desonestas e ama as honestas. A pessoa que segue o caminho bom tem uma vida melhor. Se você está fazendo coisas erradas, pare! Peça perdão e comece uma nova história. Recomece sempre, para fazer o certo em todos os setores da sua vida.

FAZIA O PROPÓSITO DE PARAR, MAS, NA PRIMEIRA TURBULÊNCIA, VOLTAVA A FUMAR

Aos 20 anos, eu fumava. Era uma briga entre o vício no cigarro e o hábito de praticar corrida de rua. Durante o percurso, sofria muito, pois, o tabagismo acabava com a minha respiração. À noite, o meu coração batia acelerado e sentia falta de ar.

Um dia, recebi um pensamento que deveria parar de fumar imediatamente para não ficar doente. Tentava parar, mas em um momento turbulento, vinha a recaída e era o suficiente para voltar ao vício.

Em uma vez que voltei a fumar, recebi esse pensamento: "O fato de você ter fumado um cigarro, não quer dizer que você precisa continuar nessa escravidão. Observe quantas semanas você ficou sem fumar! A batalha não está perdida, você pode! Continue firme". Depois disso, recomecei imediatamente o propósito de parar e não deixei uma recaída acabar com o meu objetivo de saúde e vida. E assim, parei com o vício. Hoje, não suporto nem a fumaça. É uma vitória em minha vida.

Segue uma dica: "Se você fez o propósito de parar com algum vício, recomece quantas vezes forem necessárias". Esse é o grande erro: no primeiro deslize, voltar como antes ou até mais. Não deve ser assim. Você fraquejou, não desista, recomece, até parar de vez. O ideal é não ter recaída e pedir ajuda para continuar determinado, mas se acontecer de errar, valorize o que já foi conquistado e continue firme. Seja resiliente, sempre!

Por exemplo, você é muito nervoso, tanto na vida pessoal quanto na profissional, e fez o propósito de ficar calmo nos momentos difíceis. Em várias situações, você conseguiu manter a calma, porém, num determinado dia ficou irritado e entrou em uma discussão. Dê valor o que já conquistou e não deixe uma queda te afastar do seu propósito. Recomece.

Eu mesmo, recentemente, comecei a coçar o meu ouvido e virou um hábito. Quanto mais eu coçava, mais eu queria ficar coçando até machucar. Tive que ir ao médico e fiz o propósito de parar com isso. Recomecei várias vezes. Valorizava o dia em que não havia coçado, o que me dava força para continuar. Fui prezando o lado bom e consegui ficar bem.

Deus fez os seres humanos para serem livres, então, não seja escravo de nada. Se for preciso, procure ajuda. Existem profissionais habilitados para auxiliar. E, também, use a sua fé e vá orar. Para se livrar de determinado vício, coloque algo bom no lugar, que lhe ofereça prazer, que lhe traga paz. No meu caso, a corrida de rua foi fundamental para a minha vitória.

Prefira viver, aproveite cada minuto. Você vai conseguir. Confie no seu potencial!

26

O QUE FAZER QUANDO RECEBER NOTÍCIAS TRISTES?

Uma das dicas para ficar com a mente positiva é pensar ou ter acesso somente a bons acontecimentos. Evite ver tragédias do passado para não perturbar o seu espírito. Claro, que muitas vezes temos que estudar a história na faculdade e outros.

Procuro estar sempre informado com tudo o que acontece no mundo e oro quando recebo informações sobre eventos tristes. Por exemplo, outro dia recebi a notícia que em determinado país houve um grave acidente. Para ajudar, orei pedindo proteção ao Senhor para todas as pessoas envolvidas. E agradeço por minha vida.

Quando for inevitável ter acesso às notícias tristes, ore por todos. Imagino o Senhor **Jesus Cristo** enviando anjos para ajudar. Ao orar, penso em uma luz vindo do céu para socorrer os necessitados. Procuro não ter medo e usar a fé para continuar a minha missão na Terra. Se não posso ajudar fisicamente, com doações e outras coisas, ofereço a minha oração.

Acredito que grande parte das tragédias poderiam ser evitadas se os seres humanos prestassem atenção nos sinais. Antecipar os acidentes, prevenir, olhar na frente; não podemos ser negligentes. Cuide de você e das pessoas, não tenha medo, ajude com a sua oração e com os seus cuidados.

NO FINAL DE CADA DIA, FAÇO UMA AVALIAÇÃO PARA VERIFICAR SE NÃO COMETI ERROS

Agradeço a **Deus**, sempre, por mudar a minha vida para melhor. Eu saí de um lugar confuso e fui para outro com paz, amor e sabedoria. No passado, devido a minha falta de experiência espiritual, cometi muitos erros, todas as minhas ações me levaram a muita turbulência.

Lembro-me de quando decidi mudar a minha vida, procurando fazer tudo certo em todas as áreas. Foi muito especial e abençoado. Sou consciente de que não sou perfeito, de que cometo erros, mas procuro não repeti-los. Aprendi a orar antes de uma decisão importante, assim, os acertos são em maior quantidade que os erros.

Quando falo em evolução para melhor, me refiro, inclusive, a detalhes, como: não fazer fofoca de alguém, dar água para o cachorro de rua, não pisar em uma formiga, falar palavras boas para motivar as pessoas, etc.

Somos responsáveis pelas nossas atitudes. Procure manter-se calmo e, principalmente, levar a paz às pessoas. Não fique revivendo o passado, livre-se dos pensamentos de culpa. Viva o presente e siga seu caminho com tranquilidade. Analise diariamente suas atitudes: se errou, peça desculpa ao Senhor **Jesus Cristo**. Após alguns minutos de avaliação, siga em frente, coloque a paz em sua mente e livre-se de colher

TESTEMUNHO: DEUS APARECEU E ME CUROU!

tempestades. Viva um dia de cada vez, valorize cada minuto, e a vida ficará mais leve e agradável. A energia do bem será o combustível para seguir.

Eu gosto de avaliar a minha vida quando vou caminhar ou correr. Ao final de cada dia, analiso tudo e faço as correções. Lembre-se: você deve ajudar as pessoas dentro das suas possibilidades, e não coloque nas costas as atitudes de terceiros, pois o peso vai impedi-lo de seguir a sua missão. Ajude, mas não perturbe o seu coração.

Hoje, agradeço por melhorar a minha vida mudando meu estado espiritual para evolução. Depois que aprendi que tudo que plantar vou colher, cuido das minhas atitudes em relação a tudo. O objetivo é ter uma vida tranquila, colhendo bons frutos. Devemos viver tirando o lado bom da nossa existência na Terra.

28

AMIGA ENTROU EM DEPRESSÃO PORQUE NÃO CONSEGUIA SUPORTAR A FALTA DOS SEUS FAMILIARES

Certa vez, ajudei uma amiga que estava em depressão, ela não se alimentava, estava muita fraca. Convidei-a para fazer um passeio e ela chorou muito, não conseguia esquecer do falecimento de familiares.

Eu gostava muito da minha amiga e me esforcei para ajudá-la. Deixei-a falar e chorar durante a viagem. Quando chegamos comecei a fazer o jantar ao mesmo tempo em que a distraía. Realmente, ela não se alimentava havia muito tempo, mas ela jantou muito bem.

Conversamos durante horas e me concentrei em ajudá--la. Como ela chorava muito devido aos falecidos, dei-lhe um conselho: "Procure lembrar-se dos bons momentos. Acredito que seu familiar não quer você sofrendo. Seja forte e cumpra a sua missão". **Deus** é perfeito!

Fomos orar em comunidade e estava escrito em um cartaz: "Procure lembrar-se dos bons momentos vividos com os seus falecidos". Aproveitei e fortaleci a minha orientação. Mostrei o cartaz e disse: "Aqui tem uma mensagem de **Deus** para continuar a sua missão na Terra". Em cima dessa frase é possível criar uma enormidade de dicas para ajudar. Eu mesmo

TESTEMUNHO: DEUS APARECEU E ME CUROU!

fiquei impressionado com o que aconteceu. O mesmo conselho que eu havia dado estava escrito na igreja.

Fiquei apenas dois dias ajudando, mas foi o suficiente para ela mudar sua vida. Ela começou a viajar, voltou a se alimentar, foi uma cura espiritual. Usei o amor e a fé no Senhor **Jesus Cristo** para auxiliar.

Oriento você a procurar assistência se estiver enfrentando uma depressão. Tenha muita fé e vá orar em comunidade. Viva, fique bem, procure ajuda e recomece sempre.

29

FIQUEI FRACO PORQUE ESQUECI DE USAR A MINHA FÉ

A fé é o caminho para a vida eterna. **Jesus Cristo**, quando esteve na Terra, depois que curava as pessoas, falava: "A sua fé te curou". Sim, é possível se fortalecer pela oração. Você pode pedir com toda humildade para aumentar a sua confiança.

Não podemos deixar as coisas do mundo destruírem o nosso relacionamento com o Senhor. Eu sempre procuro estar conectado com o céu. Quem me conhece sabe que agradeço por tudo. Quando a pessoa decide colocar o Senhor em seu coração, passa a ter um desejo grande de fazer caridade. O bem pode ser realizado por meio de dicas, ouvindo uma pessoa, orando para os doentes, doando alimentos ou fazendo evangelização.

Quando esteve na Terra, o Senhor **Jesus Cristo** fazia muita caridade. Ele andava de cidade em cidade, curando as pessoas e pregando a palavra. Fez o milagre dos pães e peixes, para alimentar uma multidão e mostrar o seu amor. A pessoa que diz que será salva, mas não tem o desejo de ajudar o próximo, deve orar para aumentar a sua confiança no Senhor.

Recentemente, fiquei estressado e me sentindo fraco espiritualmente. Após uma oração, recebi um pensamento: "Use a fé para ficar bem". Analisei que eu estava fazendo as coisas certas, não com perfeição, porque perfeito é só **Deus**. Eu liguei o piloto automático e esqueci de usar a coisa mais preciosa, a fé.

TESTEMUNHO: DEUS APARECEU E ME CUROU!

Após ficar consciente da minha falha, usei a minha fé e fiquei bem e muito forte, e afastei todos os pensamentos negativos. Depois, comecei a refletir que eu tinha a palavra fé escrita em todos os meus produtos de evangelização: na camiseta, no meu boné, no meu cartão, enfim, em tudo.

Vá orar. Isso ajuda a fortalecer a sua vida. Leve o amor e a paz para o seu próximo.

30

MULHER INTELIGENTE VIROU A DIREÇÃO DO CARRO PARA NÃO ME ATINGIR

Em uma segunda-feira de 2021, estava andando bem tranquilo na calçada, e quando cheguei à esquina, dois carros bateram e um veio em minha direção.

Um motorista, que estava apressado para não perder seu compromisso, se desconcentrou e invadiu a pista contrária. O susto foi grande. Um dos carros passou, aproximadamente, a três metros de mim. Levantei-me e fui ajudar os dois motoristas, que ficaram muito nervosos.

O motorista que estava errado assumiu a sua culpa. O que me chamou atenção é que a mulher disse: "Eu vi que o meu carro iria te atropelar, então virei toda a direção para desviar". A motorista preferiu estragar o carro dela, passando por cima de uma placa, para não me machucar.

Constatei três pontos importantes nesse acidente. Primeiro: "A pressa estressa". O homem, pensando em seu compromisso, ficou no prejuízo, pois, teve que arcar com as consequências do seu erro. Segundo, a mulher foi sensível e, com muito amor, preferiu danificar o seu veículo a me causar mal. Terceiro, o cuidado do Senhor **Jesus Cristo** com todas as pessoas envolvidas no acidente, por coincidência, eu estava com uma camiseta com o nome d'Ele.

TESTEMUNHO: DEUS APARECEU E ME CUROU!

O funcionário de um prédio que me conhece presenciou o acidente e ficou muito preocupado, imaginando que eu fora atingido. Fiquei muito feliz pela proteção recebida! Desejo que o Senhor cuide de você e todos os seus familiares.

31

FIZ UMA VIAGEM A TRABALHO SÓ COM O DINHEIRO DA PASSAGEM, FIQUEI SEM DORMIR E PASSEI FOME

Eu era representante de vendas e fui viajar só com o dinheiro da passagem. Estava em uma situação financeira difícil. Naquele tempo, não existia o mundo digital. Hoje, seria possível fazer a venda pelo aplicativo do celular, sem viajar.

Na época, ainda, não tinha telefone celular. Para atender os clientes, eu ligava usando o orelhão, aquele telefone público que hoje é raro de encontrar. Para fazer a venda, tinha que visitar o cliente, preencher a proposta, depois pagar o boleto no banco e dar entrada na empresa. Difícil era quando se esquecia de pegar uma assinatura. Aí tinha que voltar no cliente. Hoje temos duas opções para trabalhar: visitar o cliente ou on-line. Fico emocionado com a mudança do mundo. Atualmente, faço a venda sentado no meu escritório, tomando café ou chimarrão. Voltando à viagem...

Cheguei na cidade às 3h e fiquei na rua, esperando amanhecer, pois, eu não tinha dinheiro para pagar um hotel. Às 9h, visitei a cliente e vendi seis produtos, um ótimo negócio. O ônibus da volta estava marcado para as 23h30. Tentei pegar carona para usar o dinheiro da passagem para me alimentar, mas, não consegui e fiquei esperando na rodoviária, com muita fome. Foi uma situação difícil, mas tenho orgulho dessa viagem. Foi o momento profissional em que eu mais sofri.

TESTEMUNHO: DEUS APARECEU E ME CUROU!

Quando cheguei em casa, após as vendas, falei: "Sou um profissional, guerreiro, forte, tudo vai melhorar". E, realmente, tudo melhorou. Em nenhum momento, mesmo passando por uma fase difícil, pensei em desistir ou partir para um caminho duvidoso. Sempre temente a **Deus**. Tinha certeza de que, pela honestidade, fazendo as coisas certas, conseguiria melhorar a minha situação financeira. Honestidade em todos os setores da vida – essa é a minha dica!

32

JÁ NA INFÂNCIA, APRENDI A IMPORTÂNCIA DE FAZER CARIDADE, TODO O BEM QUE VAI, SEMPRE VOLTA

Guarde no seu coração alguns segredos para a vida: nunca faça mal a ninguém; seja caridoso; peça perdão a **Deus** e recomece.

Após concluído este texto, aconteceu um fato que me tocou o coração. Uma senhora com filhos pequenos, pediu doação de alimentos como de costume. Conheci-a catando lixo para reciclagem e ela chamou a minha atenção por estar empurrando um carrinho muito pesado. Ela me contou a história dela: ficou viúva e sem recurso nenhum. A partir, desse dia comecei a ajudá-la. Dei-lhe prioridade.

No outro dia, por volta das 9h, fui comprar mantimentos. No início da tarde, a encontrei e comecei a colocar os alimentos em seu carrinho de compras. A sua filha, de aproximadamente 5 anos estava junto. Quando peguei o achocolatado a menina comemorou e também pediu para tomar um iogurte de coco que viu no meio da compra. Lavei a embalagem e entreguei na mão dela. Em seguida, perguntou o meu nome e percebi que fui abençoado pela criança. **Jesus Cristo** adorava as crianças, pois, elas são puras, não têm maldade.

TESTEMUNHO: DEUS APARECEU E ME CUROU!

Quando a mãe falou que a filha estava com fome e que não havia tomado café da manhã, porque não tinham alimentos, fiquei triste. A primeira refeição da menina foi às 13h! Falei para a senhora: Não deixe isso acontecer. Sempre me peça alimentos. Irei comprar até você melhorar de vida e conseguir um emprego. É por isso que não tenho idolatrias na Terra, não sigo pessoas.

Uma dica: uma pessoa, para obter o poder, tem que ser honesta, abdicar do seu interesse pessoal e trabalhar para ajudar aos necessitados, assim como fez **Jesus Cristo** na Terra.

Com nove anos, compreendi, na palavra do Senhor, a importância de fazer caridade. Cresci com o hábito de ajudar o próximo. Podemos ajudar as pessoas com dicas para o bem, sendo o exemplo desse livro. Também, entrego o meu cartão diariamente, com dicas de paz e amor.

Dica: podemos ajudar as pessoas doando alimentos. Descubra uma família que está passando necessidade, ou entregue a doação em associações que fazem arrecadação para ajudar os necessitados. Podemos, ainda, ouvir e falar palavras de vida para uma pessoa que está triste. Existem várias formas de fazer o bem.

Fico muito feliz e forte quando ajudo alguém. Com dinheiro, eu só faço após pesquisar a família e sua necessidade. Por exemplo, ajudei uma pessoa que sofreu um grave acidente a pagar o aluguel, pois, pesquisei e sei que o dinheiro foi bem utilizado.

Na pandemia de 2020, eu tinha um amigo que ficou sem trabalhar porque o comércio fechou. Ajudei-o também com dinheiro durante três semanas. Eu não empresto dinheiro, dou como doação, após fazer uma pesquisa minuciosa e ter certeza de que será usado para o bem. É necessário usar a sabedoria para ajudar.

Outra coisa que faço é comprar as pequenas coisas dos vendedores de rua para motivá-los. Exemplo: uma senhora está vendendo panos de prato e, mesmo sem precisar, compro alguns para beneficiá-la.

Reflexão! Estava fazendo a minha caminhada e fui abordado por uma senhora de aproximadamente 77 anos, pedindo para eu comprar um pacote de bolachas para ajudar. Comprei o seu produto, e no mesmo instante, recebi uma mensagem de um cliente solicitando para comprar o produto da minha empresa.

Temos que dar com uma mão e olhar para a outra, e não devemos esperar nada em troca. A minha experiência é que, de uma forma ou outra, o bem que fazemos sempre volta.

O que posso dizer é que estamos nesse mundo para fazer o bem. Converse com a sua família, com os seus amigos, e faça um projeto para ajudar os necessitados. A luz que recebemos quando beneficiamos uma pessoa é uma bênção, energia e muita força para continuarmos a nossa missão na Terra.

33

VENDI LIVROS NA RUA: NESSA OCASIÃO, GANHAMOS UM BOLÃO

Na época, deveria ter uns 15 anos, estava de férias do meu emprego. Uma pessoa próxima, que trabalhava com venda de livros, passou em minha casa e me convidou para viajar até uma cidade vizinha. O meu tio insistiu e acabei indo para passear.

Chegando na cidade, fomos para o hotel e depois almoçar. À tarde, recebi uma coleção de livros de culinária e fui orientado a visitar o comércio e vendê-los para ajudar nas despesas. Eu, muito obediente, fui fazer o trabalho. Não lembro de quantas visitas fiz, mas, em uma pequena loja consegui vender um exemplar. Também, quase vendi uma coleção inteira de livros. Acredito que só não fiz a venda por falta de experiência.

Fiquei tão feliz com a venda que me esqueci de anotar os dados e avisar que tinha um cliente com possibilidade de fazer um grande negócio. Não tinha experiência nenhuma em vendas externas.

Considero-me iluminado por **Deus** nos desafios dos homens. A viagem terminou de forma espetacular. Na última noite no hotel, fomos para sala assistir ao futebol pela TV. O jogo era a final do Campeonato Brasileiro de 1985. Tinham muitas pessoas assistindo, o que levou à formação de um bolão. Participei da brincadeira, colocando o resultado de

1 x 1. Só valia resultado do tempo normal. Ganhamos o bolão e com o prêmio, pagamos todas as despesas da semana como hospedagem e alimentação. Essa viagem foi muito importante para o meu futuro profissional.

34

INFORMAÇÕES ÚTEIS PARA APLICAR O SEU SALÁRIO

Acredito que a organização é fundamental para a saúde financeira. Pensando nisso, apresento 12 dicas para aplicar no dia a dia.

1. Escreva em uma planilha todas as suas despesas e consulte-as antes de assumir outros compromissos.

2. Não pague juros: o ideal é guardar mês a mês, e depois do capital formado, comprar à vista.

3. Controle o impulso em relação ao dinheiro. Leve uma vida conforme a sua realidade financeira.

4. Só faça uma nova compra a prestação após terminar as já existentes; cuidado com as pequenas parcelas, pois, somando todas, pode gerar um grande valor.

5. Em alguns casos, é necessário reunir a família e alertar sobre a necessidade de economizar e cortar supérfluos.

6. Faça uma reserva financeira de, no mínimo, cinco vezes a sua despesa mensal. No caso de qualquer eventualidade, não precisará recorrer a empréstimos. Quando receber o seu salário ou comissões, já desconte e guarde o dinheiro dos impostos, do contador e de outros custos. Vai evitar estresse no futuro.

7. Se o salário que você ganha não é suficiente para honrar seus compromissos, busque alternativas para aumentar a sua renda: faça cursos, estude, atualize-se, tenha o plano b.

8. Quando fizer uma compra, não use toda a sua reserva.

9. Se for montar um negócio próprio, estude bem a nova atividade e deixe um valor guardado para eventualidades. Coloque em oração a **Deus** para saber a melhor decisão a tomar.

10. Quando comprar carro, terreno ou casa, consulte um profissional habilitado, para verificar os documentos e outros detalhes.

11. Faça a sua contribuição mensal para se aposentar no futuro. Oriento começar a contribuição o mais cedo possível; dê prioridade.

12. Não seja avarento: ajude uma família carente, plante o bem para colher o bem.

35

CUIDADOS PARA COMPRAR UM IMÓVEL

O certo é comprar imóveis que estejam rigorosamente documentados segundo a lei, para transferir com sucesso para seu nome. Se adquirir algum bem sem documentos, pode ter problemas no futuro e até perder o que foi adquirido e, consequentemente, seu dinheiro.

O primeiro passo é tirar as certidões do comprador e vendedor. Se ignorar esse cuidado pode ser surpreendido. Fiquei três meses fazendo um processo de transferência de um imóvel e não cobrei nada do corretor e do comprador. Negócio muito difícil, e só aconteceu pela minha dedicação em ajudar todos. Fiz para aprender e comprovar ser fundamental cuidar de todos os detalhes para ter paz no futuro.

Você deve pesquisar a região em que pretende investir, verificar se é seguro quando chove. Também é necessário pesquisar a empresa vendedora e o profissional que vai cuidar da papelada. Verifique se estão com as credenciais em dia conforme a lei e se não há pendências nos órgãos competentes.

Se você já tem um imóvel quitado e pretende trocar, é melhor juntar dinheiro primeiro para pagar a diferença à vista. Se for buscar outra modalidade, procure a que oferecer os menores juros. De qualquer forma, coloque em oração o negócio que pretende fazer. Aguarde um tempo e espere a resposta.

Desejo sucesso em seus investimentos.

36

NÃO ENTREI COM AÇÃO JUDICIAL CONTRA NENHUMA EMPRESA EM QUE TRABALHEI

Com 20 anos, consegui um emprego em que ganhei muito dinheiro e tive uma vida boa durante o tempo em que lá fiquei.

Depois que saí da empresa, várias pessoas entraram com processos contra ela, aproveitando falhas nos relatórios de pagamentos e outros. Lembro-me de que, certa vez, encontrei com uma pessoa na rua, e ela me levou a um escritório com a ideia de abrir um processo contra a empresa que trabalhei. Não voltei para entregar os documentos e montar a ação. Pensei: "Por que entrar com ação judicial contra uma empresa que me gerou tanta felicidade"?

Não quis o dinheiro que eu poderia ganhar com um processo judicial, porque não achava justo. Hoje tenho orgulho de não ter entrado com a ação. Foi o meu primeiro emprego, eu o adorava e lá ganhei muito dinheiro, o que me proporcionou uma ótima vida. Desculpe ganância, mas, a gratidão venceu.

Depois, trabalhei durante 15 anos com carteira assinada em outro local e também não entrei com ação. Na última empresa em que trabalhei registrado, eu era amigo do dono, que sempre me apoiou. Um dia, aumentou o meu salário contra a vontade de outras pessoas. Analisei que a empresa me ajudou e não era justo entrar com uma ação.

TESTEMUNHO: DEUS APARECEU E ME CUROU!

Só quero dinheiro que for honesto, não vivo de oportunidades desonestas. Nunca recebi dinheiro buscando falhas nos locais em que trabalhei. Penso que o dinheiro injusto não traz felicidade. Se a empresa não pagou o que prometeu e não cumpriu o acordo de trabalho, é justo que o empregado receba os seus direitos, pois, o que é certo deve ser honrado.

Nas empresas em que trabalhei, eu recebi os meus direitos e poderia, sim, ter ganhado dinheiro devido a algumas falhas nos processos, mas o meu caráter de homem de **Deus** não o quis fazê-lo.

37

AMIGO QUE NÃO ACREDITAVA EM DEUS

Eu tinha um amigo que não acreditava em **Deus**. A nossa amizade era muito forte, eu argumentava sobre a existência do Senhor e o meu amigo queria me convencer do contrário. Eu ficava muito à vontade para falar devido aos fatos e milagres que já havia recebido. Ficamos um ano inteiro argumentando um com o outro.

Certa vez, meu amigo caiu e, com medo de ter se machucado, falou: Ai, meu **Deus**, me ajude! No momento do medo, ele pediu ajuda. Acredito que um dia todos acreditarão na existência de **Deus**. O mais legal nessa história é que a nossa amizade era verdadeira, mesmo com pensamentos diferentes. Debatíamos os nossos argumentos com educação, era uma amizade forte e sem discriminação.

No mundo atual está mais difícil trocar ideias. As pessoas falam, mas não têm paciência de ouvir as réplicas. Eu falo a partir das experiências e de coisas sobrenaturais que aconteceram em minha vida.

Aproveito para orientar que as pessoas devem ter paciência umas com as outras, pois, respeito é fundamental para melhor convivência. Somos diferentes e o grande segredo da vida é aceitar as pessoas como elas são. Eu não tento impor nada a ninguém, mas, quando sou solicitado, apresento as maravilhas que recebi em minha vida por meio da fé.

Deus tem um amor grande pelos seres humanos e nos ajudou, colocando o seu filho **Jesus Cristo** para nos salvar.

38

INFORMAÇÕES ÚTEIS PARA CONSEGUIR EMPREGO E NÃO PERDER CLIENTES

Eu já passei pela experiência de ficar desempregado. Oriento as pessoas a ficarem em paz e manterem a calma. Faça um filme positivo na sua mente, imagine que vai arrumar um trabalho e que dará tudo certo. Afaste os pensamentos negativos, um a um, não deixe o pessimismo lhe pegar. Tenha muita fé e peça sabedoria para o Senhor.

Certa vez, eu estava há muito tempo desempregado e consegui uma oportunidade mesmo não apresentando os requisitos da empresa. Era necessário fazer revisão nas motos e outros serviços. Eu nem imaginava como era fazer uma revisão. Até hoje não sei dizer como fui contratado, mas, me lembro de que implorei pela vaga; a necessidade falou mais alto. Aprendi a fazer as revisões e fiquei um bom tempo nessa empresa. Só saí para mudar de cidade.

A primeira dica que dou para conseguir um emprego é falar a verdade. Também é fundamental estudar, fazer cursos e sempre se atualizar. Você deve acreditar, levando os currículos e participando das seleções. No meu caso, eu sempre comecei fazendo o trabalho mais simples na empresa, o que poucas pessoas queriam fazer. Por exemplo, no meu primeiro emprego eu fazia pacotes, entregava as compras, varria a loja, limpava banheiros. Então, fui promovido para chefe do setor e depois como vendedor.

Em meus outros empregos, eu sempre entrei como vendedor e depois fui promovido para supervisor e subgerente de região. Dica valiosa: você pode aceitar um cargo mais simples e ir subindo aos poucos, conforme adquire experiência.

Apresento as qualidades que as empresas estão valorizando no momento de contratar. Se você já está empregado, preste atenção! – 1. As empresas precisam de funcionários que estão sempre se atualizando, estudando, fazendo cursos. 2. Relacionamento: funcionário equilibrado, que consiga manter a calma nos momentos de turbulência são os preferidos. 3. Nunca faça intrigas com os seus colegas de trabalho e, principalmente, com seus chefes. Pode ter certeza de que alguém contará que você é fofoqueiro. 4. No mundo atual, as pessoas que conseguem fazer várias atividades numa empresa têm mais oportunidades. 5. Seja honesto e ofereça o seu melhor, e valorize o tempo que passa no trabalho. 6. As pessoas que permanecem nas empresas são as preferidas. Trocar um emprego devido a um pequeno aumento no salário deve ser muito analisado. Acompanhei casos em que os colaboradores tinham se adaptado à função, com ótimos colegas de trabalho e oportunidade de crescer, e, trocaram o emprego para ganhar um pouco mais e não deu certo, saindo em seguida. Esse foi um dos meus segredos na vida profissional, eu não trocava o meu emprego por qualquer oferta. Como disse, fiquei quinze anos em uma única empresa. 7. Não discrimine, seja neutro, cuidado com a idolatria. Na realidade, nós só temos a perder com a idolatria. O nosso sucesso depende da nossa dedicação, e tudo vem de **Deus**. No trabalho, as pessoas são clientes, então temos que tratar todos bem, sem discriminação e imparcialmente. São os clientes que pagam as despesas da empresa, inclusive os salários.

O empresário não pode colocar o seu negócio em risco e afastar os clientes pela idolatria ou pela distinção. Em um

TESTEMUNHO: DEUS APARECEU E ME CUROU!

negócio gerido com sabedoria é fundamental atender bem todas as pessoas. Tenho toda segurança em sugerir que o empresário tem que ser neutro para a saúde financeira de sua empresa.

Pergunta: quando a empresa estiver com dificuldades para pagar os seus custos, quem vai ajudar? Resposta: "Muitas empresas conseguem caixa por meio de campanhas, com adesão dos seus clientes. Cuide do relacionamento com os consumidores em primeiro lugar".

Dica: sem injustiça. Não corte o vínculo de trabalho com o colaborador sem antes oferecer um treinamento. Muitas vezes, ele não está fazendo o serviço da forma desejada porque nunca recebeu orientações. Tenha uma conversa em particular com o seu funcionário e mostre como você precisa que o trabalho seja realizado.

Atenção, proprietários, gerentes ou supervisores: apresentem as regras da empresa para os funcionários, treine todos, e se tiver que corrigir uma pessoa, faça no particular para evitar constrangimentos. Use a sua estrutura e reserve uma pequena sala para os treinamentos e as conversas particulares.

Eu sempre oriento que a pessoa, além da sua formação, deva desenvolver um plano b. Não podemos ter preguiça e, sim, colocar em prática todo o nosso potencial. Também falo da alternativa como fonte de renda, pois, se a sua atividade principal falhar, não lhe faltará recurso financeiro.

A seguir, apresento várias dicas que considero muito importantes:

1. Não deixe ninguém te desmotivar no ambiente de trabalho. Estude o seu produto e conheça seus concorrentes.

2. Pesquise para atender às necessidades do seu cliente – não queira vender maçã se a pessoa precisa de uva.

3. Seja organizado, verifique tudo o que precisará para atender bem aos clientes: tabelas, calculadora, roteiro, etc.

4. Fale a verdade sobre as qualidades do produto para fechar a venda. A mentira pode gerar confusão no futuro.

5. Chame o cliente pelo nome e use uma agenda para entrar em contato no dia marcado.

6. Faça um cadastro dos clientes em ordem alfabética, com os dados, nome completo, telefone e e-mail, assim poderá avisá-los das promoções.

7. Envie mensagens de parabéns para os aniversariantes. Para saber as datas, é só fazer outro cadastro com todos os meses e dias do ano, e colocar o nome do cliente. Exemplo: 1 de março, cliente Lua; 2 de março, cliente Sol. Importante: estude a Lei Geral de Proteção de Dados.

8. Ofereça um brinde para os clientes que indicarem compradores.

9. Faça um excelente pós-venda, atendendo sempre com disposição as solicitações dos consumidores. Se estiver ocupado, anote na agenda e retorne quando for possível. Se o cliente encontrar um ponto negativo em seu produto, trabalhe de forma eficaz os pontos fortes.

10. Ouça o cliente e não fique interrompendo. Também responda todas as perguntas. Omissão não pode acompanhar um profissional.

11. Concentração no fechamento da venda.

12. Cuide do seu uniforme de trabalho, mantenha um sorriso no rosto, seja educado e prestativo. Cuidado com o mau hálito!

13. Não leve nada para o lado pessoal. Seja profissional e resolva todas as necessidades do seu cliente, com calma e com respeito.

14. De forma sutil, descubra o rendimento do consumidor. Muitas vezes, pela profissão é possível saber a renda.

TESTEMUNHO: DEUS APARECEU E ME CUROU!

Não tente vender um produto que comprometa todo o salário dele, pois isso pode gerar problemas no futuro. O cliente tem que colocar no orçamento uma parcela tranquila, considerando que já tem outros custos. Não faça para terceiros o que você não deseja para você.

15. Monte várias ações para colher um bom resultado nas vendas; como brindes por indicações, promoção de alguns produtos, divulgação nos grupos da família e amigos. Cuidado com os custos.

16. Respeite colegas de trabalho, supervisores, gerentes e proprietários.

17. Tenha um diferencial em seu negócio para ganhar vendas dos concorrentes. Se for necessário, o cliente deve ter acesso ao supervisor, gerente ou proprietário. Alguns erros graves são: tentar fechar a venda sem descobrir a real necessidade da pessoa, não apresentar os benefícios e, principalmente, não pesquisar se ele poderá pagar sem comprometer seu orçamento.

18. Quando não concretizar um negócio, seja honesto: não fique com valores indevidos, apenas com o que estiver no contrato de venda. Esses detalhes financeiros devem ser apresentados em primeiro lugar para o cliente.

19. Mantenha sempre com você um cartão com os dados da sua empresa e não perca a oportunidade de divulgar nos eventos do dia a dia.

20. Mesmo que o cliente entre em sua loja dizendo que não quer comprar nada, atenda com um sorriso no rosto, ofereça água, seja gentil, mostre seus produtos, as oportunidades e peça indicações de clientes.

Certa vez, fui autorizado a entrar em uma empresa e visitar os colaboradores em suas salas. Só depois que fechei uma venda, o cliente informou que eu já tinha oferecido o produto anteriormente, porém, ele não quis. Ficou surpreso, porque minutos depois eu voltei e ofereci novamente o meu produto. Com a nova abordagem, ele acabou comprando. Detalhe: eu me esqueci que já tinha visitado o cliente. Essa é uma prova de que a persistência e o ótimo atendimento são fundamentais para o sucesso.

Na época eu tinha 20 anos e trabalhava o dia todo oferecendo o meu produto no comércio. Acredite na sua capacidade.

Desejo sucesso em todos os setores da sua vida.

CUIDADOS AO DIRIGIR: ANTES DE VIAJAR, VERIFIQUE A PREVISÃO DO TEMPO PARA EVITAR TEMPESTADES E NEBLINAS

Atenção! Se estiver dirigindo e ficar cansado e com sono, pare imediatamente para descansar em um lugar seguro. Mesmo que você seja motorista de um ônibus, é melhor falar para todos que está com sono e evitar tragédias.

Fugindo um pouco do tema, faço uma observação importante: estradas, construções em morros, perto de rios e encostas, devem ser monitoradas e, se necessário, interditadas se houver volume elevado de chuvas. Atualmente, com a previsão antecipada do tempo, é possível salvar vidas com atitudes inteligentes de segurança. Não podemos garantir que a tecnologia nos proteja 100% das ações da natureza.

Vamos às dicas para dirigir! Em primeiro lugar, lembre-se de orar e pedir proteção do Senhor **Jesus Cristo** antes de ligar o carro. E se houver algum problema, muita calma, evite discussões.

1. Analise o tempo, sobretudo se tiver que viajar à noite. Se possível, viaje durante o dia. Independentemente da hora, se de dia ou de noite, caso a previsão seja de muita chuva ou neblina, é melhor programar a viagem para outra data.

2. Com chuva, reduza a velocidade. Tenha atenção redobrada para não derrapar na pista e cuidado com freadas bruscas.

3. Se for dirigir, não beba; respeite as leis de trânsito. Se você toma remédio controlado, verifique com o seu médico se é indicado dirigir.

4. Não use celular ou fone de ouvido ao dirigir.

5. Não dirija nervoso. Conversas, animais e músicas podem tirar sua concentração.

6. Direção defensiva: mantenha distância segura dos carros.

7. Cuidado com animais e pedestres.

8. Olhe nos espelhos antes de fazer manobras. Se ficar na dúvida, olhe novamente. E cuidado com o famoso ponto cego.

9. Adquira experiência antes de assumir a direção em estradas.

10. Revisão: verifique se os pneus estão calibrados e o óleo do motor, por exemplo.

11. Ao estacionar, confira se acionou o freio de mão.

12. Quando for abastecer, puxe o freio de mão e desligue o motor. O ideal é todos os passageiros saírem e manterem distância do carro até terminar o abastecimento. Não use celular e não fume no posto de combustível.

Certa vez, **Deus** salvou a minha vida. Cometi um erro grave: fui viajar de madrugada sem ter dormido. Dormi ao volante e só acordei, porque, o som ligou, com uma música que tinha um barulho muito grande no início. Viva, seja feliz!

40

LISTA DE VERIFICAÇÃO PARA EVITAR ACIDENTES NA SUA CASA

Escrevi as orientações para tentar evitar incidentes em casa, mas, acabei me acidentando por não cuidar com uma das dicas. Anotei: não deixe o chão molhado, pois, você pode deslizar e se machucar.

Era um domingo, estava no quarto, deitado, quando começou uma chuva forte acompanhada de vento. Saí correndo para fechar a porta de vidro da sala e não notei que o chão estava molhado. Escorreguei na sala e fui cair na sacada: bati várias partes do corpo, menos a cabeça. Não me machuquei, mas fiquei consciente do perigo que é um chão molhado.

Seguem as dicas!

1. Verifique, várias vezes ao dia, se o gás está desligado, principalmente antes de dormir ou ao sair. Em casa, muito cuidado ao acender velas. Para festejar, não use nada que contenha fogo. Evite fogos de artifício!

2. Quando for cozinhar, não fique na internet e não deixe crianças e animais de estimação perto do fogão.

3. Cuidado com álcool perto do fogão, pode pegar fogo.

4. Segurança: ao dormir, verifique se todas as janelas e portas estão fechadas, se há crianças e adultos que são sonâmbulos.

5. Ainda para quem tem crianças e animal de estimação: cuidado com água sanitária e outros produtos de limpeza no chão.

6. Não é recomendável dormir com fone de ouvido e celular na cama.

7. É perigoso usar o celular enquanto ele está carregando ou deixá-lo a noite toda na tomada.

8. Não esqueça ventilador, ar condicionado e outros aparelhos ligados.

9. Não faça limpeza em nenhum aparelho se estiver ligado na tomada. Desligue a máquina de lavar e desconecte o cabo de alimentação da tomada, se for abrir para mexer nas roupas.

10. Use um chinelo de borracha para tomar banho e não mude a temperatura do chuveiro ligado.

Não quero estimular o medo com essas dicas, apenas evitar acidentes.

MENTIRAS

A mentira sempre será um problema para o próximo passo.

Você está irritado com as coisas erradas? Fique na paz, cuide-se e cumpra as leis. Nunca vi o errado prosperar. A lei da vida é simples: a verdade e o certo sempre vencerão. A verdade gera liberdade. Mentira gera uma multidão de seguidores. A verdade é o futuro com paz e a mentira, no precipício.

Quando a pessoa é falsa, torna-se prisioneira, não tem paz, pois a qualquer momento vai esquecer e cair em contradição. Quem mente vive com medo, é muito ruim viver assim. Lembre-se: não existe mentira pequena. Mentira é mentira, precisamos ser corretos em todos os setores da vida. A pessoa que mente não consegue sustentar a mentira por muito tempo e estará sempre enfrentando turbulências.

Em meus treinamentos de vendas sempre ensinei falar a verdade. Quem esconde coisas erradas não consegue olhar nos olhos de outra pessoa. O mentiroso fica nervoso e conta mais inverdades para se defender.

Com apenas 15 anos, já aprendi na área comercial: é melhor falar só os benefícios reais para conseguir confirmar, se preciso for, e fechar o negócio. Muitas vezes, o profissional, ao receber do cliente um feedback negativo do seu produto, prefere inventar benefícios que não existem. É melhor receber a informação do cliente, assimilar, aceitar e oferecer um benefício verdadeiro para compensar o ponto negativo.

Temos que entender que não existe produto perfeito. E isso vale para as pessoas. Um ser humano pode ter muitas qualidades, mas também tem pontos negativos. É fundamental reconhecermos que não somos perfeitos e valorizarmos, sim, as nossas virtudes. O que não podemos fazer é enganar, fingindo o que não somos.

Vamos imaginar que uma empresa vai contratar um colaborador. O departamento de recursos humanos tem prioridade para um profissional que tenha ética, que seja totalmente honesto. Nesse caso, será considerado em primeiro lugar esses requisitos, não importando algumas competências que o candidato não tem. Um comentário que acontece entre os chefes das empresas: Não estou satisfeito com o desempenho do fulano, mas como é honesto vou colocá-lo em treinamento e mantê-lo no quadro de funcionários.

Mas tenho uma boa notícia: é possível mudar de vida! Peça perdão por seus erros e comece vida nova. É necessária persistência para deixar o vício da mentira. Cada vez que cair em tentação e mentir, peça perdão e recomece. O segredo é insistir sempre até chegar ao seu objetivo.

Dicas: devemos ter muita prudência para transmitir informações. Por exemplo, uma notícia ruim para uma pessoa idosa. Se você achar que não é o momento de falar, para segurança de todos, siga a sua intuição. Também não confunda, falar demais, com sinceridade, e não faça fofoca e nem difame ninguém.

Se você tem dúvida sobre algo, aguarde, não se precipite! Ore pedindo uma direção a **Deus** e fique calmo até descobrir a melhor maneira de proceder. A sabedoria que vem do céu é o melhor caminho para viver na Terra.

42

LISTA DE VERIFICAÇÃO PARA PRATICAR ATIVIDADE FÍSICA E PARTICIPAR DE UM EVENTO EM QUE NÃO CONHECE AS PESSOAS

Quando for a uma festa em que não conhece as pessoas, não consuma bebida alcoólica e não aceite nada de estranhos. Há pessoas treinadas para enganar, mentir e aplicar golpes.

Quando estiver visitando uma cidade que não conhece, não saia sem um guia de confiança, principalmente à noite. Informações são fundamentais, então pesquise sobre a cidade que irá visitar.

Ao praticar esportes, fique atento aos sinais do seu corpo. Na rua, não se distraia com celular ou fone de ouvido, tenha cuidado com assaltos e acidentes. Escolha um lugar seguro para praticar a atividade física e cuidado com o horário em lugares desertos, muito cedo ou tardiamente, pode ser perigoso.

Nos semáforos, espere sempre todos os carros pararem e atenção com as motos. Quando estiver esperando o sinal abrir, fique longe dos veículos e das pessoas, para evitar bater em alguém e uma possível queda na rua, onde passam os carros. E ao correr com seu cão, cuidado para não enroscar a guia nas pessoas ou em você mesmo.

Dicas para perder peso! Em primeiro lugar, procure o médico e verifique se pode fazer atividade física. Teste o seu coração. Pegue dicas com nutricionistas e se alimente bem. O nosso corpo precisa de energia para cumprir nossa missão. Use uma balança para acompanhar o seu peso e se está no caminho certo, informação correta é o segredo para o sucesso. Mastigue bem os alimentos, não faça refeição usando a internet, porque irá comer o dobro, pois, se concentrará nas informações digitais e não na degustação dos alimentos. Não tenha inveja do seu próximo na academia, foque no seu objetivo. Faça atividades aeróbicas: bicicleta, esteira, caminhadas, corridas e musculação. Tudo com acompanhamento de um preparador físico e informe ao seu médico. Se você fizer um pouquinho de exercícios em alguns dias na semana, acompanhado de uma alimentação saudável, com o tempo vai se surpreender com o resultado.

Certa vez, encontrei um médico durante minha corrida que me orientou a não forçar na atividade física, contando-me que fazia atividades exageradas até ter um infarto. Exemplo: se optar por musculação, faça sem desgastar muito o seu corpo, respeite o seu limite. Atividade física leve e alimentação saudável! Beba água na medida certa, não se esqueça de se hidratar. Viva, seja feliz!

DOIS HOMENS E DUAS BELAS MULHERES: POR QUE SÓ UM TRAIU A ESPOSA?

Era uma vez dois homens que tinham fé em **Jesus Cristo**. Os dois eram casados e foram viajar a trabalho. Nessa viagem, apareceram duas belas mulheres, que os fizeram perder a concentração.

O homem chamado Lua não resistiu à beleza da mulher e traiu a esposa. No outro dia, acordou muito deprimido. Era a primeira vez que fazia isso. Abalado, não conseguiu executar o seu trabalho e perdeu um grande negócio.

Arrependido, pediu perdão a **Jesus**. Percebeu que o que ele tinha feito não era legal, que por alguns minutos de prazer, havia colocado em risco a sua família e o seu emprego.

Já o homem chamado Sol, ao sentir-se tentado, conversou com **Jesus Cristo**, ajoelhou-se e orou fortemente. Ele falou assim: "O Senhor está vendo a tentação que estou sentindo. Por favor, posso só esta vez, trair a minha esposa"? Foi quando veio em sua mente o juramento que havia feito no altar, prometendo ser fiel, sempre. Ele não traiu a esposa, fechou um grande negócio, o que o levou a uma promoção na empresa que trabalhava.

Quando você receber qualquer tipo de tentação, ore. Se você é casado, respeite sua mulher e não seja infiel, não troque tudo o que conquistou por alguns minutos de prazer.

Pode ter certeza, depois que o momento passar, você irá se arrepender. Seja forte e não destrua seu casamento.

E se você costuma ser infiel, pare imediatamente. Arrependa-se, peça perdão e não volte a pecar. Após o pedido de desculpas, toda vez que se sentir culpado, faça uma oração solicitando ajuda. Então, esqueça o assunto e continue a sua vida. Depois do arrependimento e do pedido de perdão, **Jesus** não fica acusando. Se não conseguir tratar o assunto sozinho, procure ajuda de profissionais da área.

Siga o caminho correto, pois quem planta o bem, terá uma vida melhor.

Não seja infiel, pare com isso! Siga o exemplo de José e Maria, pais do Senhor **Jesus Cristo!**

COMPREI UM CARRO SEM VERIFICAR O MOTOR E TIVE PROBLEMAS

No passado, comprei um carro que recebeu o apelido de chaleira, pois toda a vez que subia a serra pela BR-376, ele fervia. Na cidade, bastava eu encontrar um congestionamento para jorrar água no motor.

Levei em todas as oficinas e ninguém conseguiu resolver o problema. Certo dia, cheguei na garagem e o carro não estava. Pensei: "Roubaram o meu veículo". Liguei para a seguradora e registrei o sinistro, e fui orientado a ir à delegacia fazer um boletim de ocorrência. Só que antes, fui à panificadora para comprar pão, e para minha surpresa, vi o carro estacionado na frente. Lembrei-me de que na sexta-feira estacionei ali para comprar pão e fui embora a pé, esquecendo-o na rua.

Após constatar que o carro não fora roubado, coloquei-o à venda. Fui a todos os lugares para tentar vender e ninguém quis comprar, depois que eu falava ter um problema desagradável. Um belo dia, uma pessoa ligou-me interessada no carro. Pensei: "Vou oferecer mais barato". A pessoa olhou e gostou. Informei: "Esse carro tem um defeito". Já fui a várias oficinas e não consegui arrumar. Mesmo assim, o comprador aceitou o preço e assinou um termo esclarecendo que informei do defeito do carro. Ou seja, falei a verdade e vendi o veículo. A verdade é libertação, a mentira gera confusão.

Dicas: antes de comprar um carro, solicite ajuda de um profissional capacitado para verificar motor, lataria e documentação. Antes de vendê-lo, fale todos os detalhes, assim evitará transtornos para o comprador e para você mesmo. Algumas pessoas têm medo de falar a verdade e perder o negócio, mas omiti-la não é aceitável e pode gerar sérios problemas no futuro.

JOVEM SAIU DAS RUAS E VOLTOU AO CONVÍVIO SOCIAL GRAÇAS AO ESPORTE

Principais dicas para deixar o vício das drogas: o primeiro passo é procurar ajuda; recomece sempre, pense que vai vencer; procure profissionais da área que podem te ajudar a sair dessa escravidão.

Uma alternativa são as clínicas de reabilitação. Procure a mais perto da sua comunidade. Muitas pessoas conseguiram vencer o vício por meio de tratamentos médicos ou pessoas especializadas no assunto.

O esporte é uma ferramenta que pode ajudar a se livrar da dependência das drogas. Estava fazendo minha caminhada e conheci uma pessoa que relatou que, com a corrida, venceu as drogas. Além disso, me contou que chegou a morar na rua, não cuidava da saúde e não era feliz.

Em uma oportunidade, corri com ele, pois, sempre o encontrava. Ele me contou que tudo havia melhorado. Com trabalho e saúde, principalmente, me pediu oração, pois, tinha prova no vestibular. Impressionante, ele correu mais de 10 km, em ótima velocidade e ritmo. Acredito que quando o ser humano descobre o seu potencial, consegue livrar-se dos vícios.

Vá ao médico, faça exames e verifique se pode fazer atividade física. Muitas pessoas deixaram as drogas praticando esporte. A fé também é fundamental no tratamento! Vá orar em um lugar de sua preferência: grupo de oração, familiar e amigos. Muitas pessoas largaram os vícios após receber o Senhor **Jesus Cristo** em seu coração.

Eu tinha um colega que era considerado um caso perdido para a sociedade. Um dia, o encontrei com a Bíblia na mão e ele veio até mim para evangelizar. Ele recebeu o Senhor **Jesus Cristo** como salvador, e além de melhorar a sua vida, também havia ajudado toda a família.

Você pode, liberte-se. Não se sinta sozinho nesse desafio. Procure ajuda, recomece todas às vezes que precisar, seja forte. Resumindo: use a fé, tratamentos em clínicas ou o esporte para se livrar das drogas.

46

RESPEITE O SEU PROFESSOR, NÃO CONVERSE EM SALA DE AULA

Crianças, jovens ou adultos, respeitem os professores. Você é importante, sim, faça a diferença no espaço que ocupa, lute pelo bem em todos os setores da sua vida. Vamos analisar: temos muito tempo durante o dia para fazer as coisas, então ajude, concentrando-se nas aulas. Se você não ficar conversando, será exemplo para os colegas. Seja uma semente do bem que nasce e se espalha na sala, o certo sempre será bem-sucedido. Até hoje, uso muito o que aprendi com os meus educadores. Agradeço também à minha mãe, sendo a minha primeira professora.

Eu tive um professor de português que me ensinou a falar em público. Na aula dele, cada aluno preparava uma palestra para apresentar à turma. Todos os meus educadores foram importantes e fundamentais para o meu futuro.

Recentemente, com 48 anos, fiz uma faculdade de Gestão Comercial. Concentrei-me para ajudar os professores, não conversando em sala. Essa faculdade foi fundamental para administrar meus negócios e atender com excelência os meus clientes.

Ao se dedicar aos estudos você está ganhando tempo, então valorize cada segundo para aprender e facilitar o seu futuro.

SE ERROU, PEÇA PERDÃO E CONTINUE A SUA VIDA SEMPRE EM FRENTE. O PASSADO JÁ FOI, SERVE COMO EXPERIÊNCIA

Fiz escola de futebol com 15 anos e quando o jogo ficava com muita bola para o alto, o técnico gritava: "Coloque no chão e toque rápido para frente". Assim é a vida, sempre em frente; pensando no presente e imaginando coisas boas para o futuro.

Não tenha medo, nem pressa. Tenha muita calma, não se pressione e tenha pensamento positivo sempre. É necessário descansar a mente, ter um tempo para não pensar em nada. Quando se lembrar de erros do passado, peça perdão para o Senhor **Jesus Cristo** e viva o presente. Coloque a bola no chão e toque rápido para frente, faça o bem para todos.

Vamos viver com muita paz e amor. Pense que vai dar tudo certo e espere o tempo correto para as coisas acontecerem. Faça o seu melhor em tudo!

48

NÃO PUXEI O FREIO DE MÃO, E O MEU CARRO ANDOU SOZINHO

Certa vez, estacionei o meu carro e não puxei o freio de mão. Lembro-me de que, quando voltei, o meu veículo não estava no lugar onde o havia deixado. Uma pessoa me falou: "O seu veículo andou sozinho. Segurei para não bater e não cruzar a esquina". Agradeci à pessoa e principalmente a **Deus**, que evitou um acidente grave.

Hoje sou mais cuidadoso, aprendi que não devo ter pressa e tenho que dirigir com muita responsabilidade. Sempre que paro o carro, me lembro desse episódio e verifico se ele está bem seguro, com freio de mão acionado.

Na realidade, não existe assunto mais importante do que a segurança. Tudo ao seu tempo, e devemos fazer as tarefas sem colocar a nossa vida e a das outras pessoas em risco.

ANTES DE DORMIR, FAÇA A ORAÇÃO DA RESPIRAÇÃO

Pergunte para o seu médico ou fisioterapeuta, sobre a melhor maneira de relaxar através da respiração. Estou conseguindo melhorar o meu sono, depois que pesquisei e comecei a treinar a respiração pelo nariz. Dicas: após cada respiração, faça uma afirmação de cura espiritual. Todas as frases devem iniciar ou terminar com o nome **Jesus Cristo**. Exemplo: "**Jesus Cristo**, obrigado pela vida, pela alimentação, por esse livro e pelo trabalho". "**Jesus Cristo**, por gentileza, peço cura para todos." "**Jesus Cristo,** cure a depressão das pessoas." "**Jesus Cristo,** proteja a minha família." "**Jesus Cristo,** proteja todos os motoristas e pedestres." "**Jesus Cristo,** liberte-me das ações do mal." "**Jesus Cristo**, ajude-me a fazer o bem em todos os setores da minha vida."

Depois, é só dormir em paz.

50

PROPRIETÁRIA COLOCOU O APARTAMENTO À VENDA PORQUE BRIGOU COM O VIZINHO

Certa vez, fui fazer um favor para um amigo corretor de imóveis, mostrar um apartamento para um cliente interessado.

Fui até lá e foi tudo bem, apresentei todos os benefícios do investimento imobiliário. O potencial comprador foi embora demonstrando grande interesse.

Mesmo não sendo do ramo imobiliário, orientei o proprietário a contar toda a verdade sobre o imóvel para evitar problemas futuros. Ele informou que estava vendendo, porque a sua esposa havia brigado com um morador do condomínio e ficara com muito rancor no coração. Lembro-me de que falei assim: "É melhor perdoar e esquecer o assunto. Não adianta mudar de endereço e levar o rancor no coração". Orientei o casal: "Esqueçam a briga, perdoem, tirem a mágoa do coração".

Perguntei se o vizinho era violento e oferecia risco. Responderam que não, que o problema era só a mágoa e não queriam mais conviver com ele. Fui embora e esqueci o assunto, porque apenas havia feito um favor.

Meses depois, encontrei o proprietário na rua, que me informou ter desistido de vender o imóvel. Ele me disse: "A minha esposa perdoou o vizinho e achamos melhor não vender". Fiquei feliz, pois, a minha orientação entrou no coração deles e os ajudou.

Você que está lendo, decida agora. Perdoe a todos, limpe o seu coração. Se não conseguir perdoar, peça ajuda em oração. **Jesus Cristo** ensinou: "Ame quem não te ama, uma forma de neutralizar o mal é enviando o bem".

Seja feliz, sem rancor no seu coração. Viva o melhor da vida! Paz e amor.

EU EVANGELIZO ENTREGANDO CARTÕES NA RUA, FAZENDO EMBAIXADINHAS, E CORRO COM A CAMISETA DO SENHOR JESUS CRISTO

Não discrimine e tenha calma com as pessoas na fé. Cada ser humano tem o seu tempo certo. Não podemos impor um **Deus** com autoridade e julgamentos. É necessário ser correto para ter credibilidade nas ações. Se ensinarmos da forma errada, as pessoas distanciam-se. **Jesus Cristo** disse: "Não são os que têm saúde que precisam de médico e, sim, os doentes".

Temos de fazer a celebração para todas as pessoas, sem discriminar, nem falar mal de outras religiões, para não melindrar ninguém. Algumas pessoas se separam por religião, sendo que o próprio **Jesus Cristo** não fez discriminação.

Vamos às dicas: o evangelizador tem que ser neutro das coisas da Terra e sem idolatria. No momento de ensinar, vamos passar carinho, pois, toda semente do bem vai nascer. Eu faço vários tipos de evangelização.

Comecei a treinar embaixadinhas, sempre com a camiseta de **Jesus Cristo**. Quando alguém puxa conversa, paro tudo e dou atenção, entregando o cartão de evangelização. A brincadeira ajuda no relacionamento inicial. Também só corro na rua usando a camiseta de **Jesus Cristo**.

Certa vez, fui parado por uma pessoa que vivia na rua e havia lido na minha camiseta o nome de **Jesus**. Entreguei o cartão de evangelização e ofereci um lar de recuperação de pessoas que ajudo há vários anos.

Quando vou visitar moradores de rua, sempre levo algo para comer, como um pacote de bolacha e o cartão de evangelização. Muitos pedem orações e desabafam. Aliás, sempre entrego o meu cartão de evangelização para as pessoas nas ruas.

Dicas: peça licença quando for abordar alguém e se a pessoa não quiser pegar o panfleto, não insista; verifique se o lugar onde vai evangelizar é seguro e se é possível falar com as pessoas com segurança; se verificar que o indivíduo se encontra drogado ou bêbado aconselho não se aproximar; temos que respeitar o livre-arbítrio.

Para evangelizar, é fundamental usar a sabedoria e o amor de **Deus**. Fé: é necessário orar e pedir a direção certa em todas as ações do bem. Use o amor e muita calma e lembre-se de que cada ser humano tem o seu tempo.

52

ENVOLVI-ME EM UM ACIDENTE COM UM MOTOQUEIRO, EVITEI UM CONFLITO, FIZ A PAZ PREVALECER

Estava almoçando e encontrei um amigo que conheço há mais de 30 anos. Falamos sobre vários assuntos, e depois de um tempo, o amigo falou: "Você é da paz! Há 25 anos, eu vi uma pessoa cair da moto, porque estava te ultrapassando de forma irregular. Você parou o carro e a acalmou. Pagou os estragos da moto, só que, na minha opinião, você estava conduzindo o seu carro certo".

Nesse momento, me lembrei do ocorrido e de que a pessoa estava muito nervosa. Naquela época, estava trabalhando o meu interior para evitar conflitos, pois, conduzia projetos em que as pessoas ficavam nervosas. Tinha como meta ficar calmo nas turbulências, evitar discussões e agressões.

A minha postura com a pessoa do acidente foi fruto da conscientização e mentalização para ficar calmo. No momento do acidente pensei estar errado, por isso, paguei os danos. No meu carro não aconteceu nada, porque a moto não chegou a atingi-lo. Depois, recebi a informação de que o condutor tinha tentado me ultrapassar pela direita de forma irregular. Como virei a esquina, ele freou para não bater, caindo em seguida.

Na mente, do meu amigo ficou marcada a minha atitude de paz. Se eu tivesse entrado em conflito, seja verbal ou físico, teria um exemplo negativo para relatar e não um bom exemplo.

Confesso que fiquei feliz como meu amigo me elogiou pela minha tranquilidade. Na época, transformei um momento de muita turbulência em paz. Afirmo 100% que toda vez que perdemos a calma e aceitamos conflitos, na sequência, vem o arrependimento.

Mesmo que você esteja com a razão, mantenha o equilíbrio e evite discussões. Depois que o outro lado se acalmar, vocês tratam do assunto. Se notar que a pessoa está agressiva, gritando, a estratégia é não revidar verbal, nem fisicamente. Quem perde a calma e age no impulso, pode até cometer um crime. Coloque em sua mente: "Na turbulência, muita calma, evite discussões e agressões".

DINÂMICA! BOLAS, MÚSICA E FRASES POSITIVAS

Você pode usar essa dinâmica no amigo secreto do Natal, em treinamentos ou reuniões, visando descontrair os participantes. É necessário um som portátil, pode ser até do celular e uma ou duas bolas pequenas.

Vamos imaginar que, na sua reunião, todos devem se apresentar. Peça para os participantes se levantarem. Solicite que respirem fundo pelo nariz por cinco vezes, pensando em algo bom. Ligue uma música com palavras positivas e oriente que as bolas circulem nas mãos de todos. Após um minuto, feche os olhos e desligue a música. A pessoa que estiver com a bola deve apresentar-se. Faça a dinâmica até todos se apresentarem. Se a bola parar na mão de quem já falou, vale o próximo ao lado, até achar a pessoa que ainda não participou.

Sugestão: a dinâmica vai escalar quem começa o amigo secreto no Natal. Aliás, ela pode ser usada de várias formas! Exemplo: a pessoa que estiver com a bola nas mãos quando a música parar tem que falar uma palavra de vida. Dica de frase: "Desejo saúde para todos". Use a criatividade, faça um ambiente feliz! Tenho certeza de que a brincadeira será um sucesso no seu evento.

Outra brincadeira legal é com bexigas. Coloque dentro de cada bexiga uma tarefa. Exemplo: imite um pássaro, cante, fale uma frase com amor, etc. Escolha tarefas que não constranjam as pessoas. Entregue uma bexiga cheia para cada participante. Todos irão estourar e ver o que deve fazer. Essa dinâmica pode ser usada antes de se iniciar um treinamento, um amigo secreto ou outro tipo de reunião. Deixe o seu ambiente leve e feliz.

54

POR UMA DISTRAÇÃO, CRIANÇA DE 5 ANOS, SUBIU NA CERCA DA VARANDA NO OITAVO ANDAR

Inicio esse texto já orientando: se você mora em apartamento, coloque redes de proteção nas janelas e sacadas.

Deus fez um grande milagre salvando a vida de uma criança. Ela deveria ter 5 anos, e após uma distração, notamos que ela não estava no apartamento. Fomos à sacada e a encontramos com a metade do corpo pendurado para fora da cerquinha, olhando para baixo. Conseguimos evitar o acidente. Fiquei muito emocionado com o cuidado de **Deus** salvando a vida dela. Com isso, aprendi que temos que ter atenção total com os pequenos e hoje, quando vejo um risco de acidente, oriento os pais.

Recentemente, estava andando na rua e vi uma criança bem pequena correndo na calçada ao lado da canaleta de ônibus. Notei que a mãe dela estava aproximadamente 15 metros atrás. Aquele é um local onde acontecem vários acidentes devido ao grande número de ônibus que ali circulam.

Fiquei desesperado e avisei a mãe que a filha poderia se distrair e ir para a canaleta dos ônibus. Para a minha surpresa, ela não gostou e argumentou: "Educo para ser forte. Não tem perigo". Então, me sentei junto da mulher em um banco próximo e conversamos. Expliquei que até um adulto pode se distrair, se colocar em risco. Infelizmente, nenhum argumento mudou o pensamento dela. Educadamente fui embora.

Acredito que grande parte dos acidentes podem ser evitados. Preste atenção nos sinais e antecipe-se, neutralizando os problemas. Meu objetivo não é transmitir medo e sim cuidados, sabedoria que vem do céu.

Podemos fazer o bem orientando as pessoas sobre os riscos. Temos que ficar sempre atentos e não deixar as crianças sozinhas na cozinha, ter cuidados na garagem e na praia... Não se pode descuidar um segundo! Concentração total quando o assunto são crianças.

UMA FAMÍLIA CARENTE TINHA UMA CASA NA QUAL ENTRAVA MUITA ÁGUA QUANDO CHOVIA. RECEBEU AJUDA DA IGREJA PARA RESOLVER O PROBLEMA

Há vários anos ajudei uma família com uma cesta básica. Com os alimentos, deixei um cartão orientando para frequentarem uma igreja da preferência deles e fazerem todos os filhos estudarem.

A família me relatou que sofria muito quando chovia, pois, entrava muita água na casa onde moravam. Fiquei preocupado, porque estavam há quase um ano sem solicitar ajuda.

Um belo dia, o esposo me ligou pedindo alimentos e informou que perdeu o meu telefone, por isso ficou tanto tempo sem manter contato. Entreguei a doação e o meu cartão, novamente, orientando para irem à igreja e fazerem os filhos estudarem. A esposa respondeu: "Estamos indo. Começamos a frequentar uma igreja e recebemos ajuda para arrumar a nossa casa. A igreja resolveu o nosso problema. Não chove mais dentro do nosso lar". Fiquei muito emocionado ao ver a satisfação de todos com a ajuda recebida.

Toda semente do bem nasce por meio da fé no Senhor **Jesus Cristo**. Temos que fazer o bem sem esperar nada em troca. Ajudar o próximo é o meu combustível para viver. Quando vou fazer o meu café, fico feliz em saber que famílias têm alimentos graças à minha ajuda.

Ficar fazendo propaganda do bem realizado é errado, mas se fortalecer mentalmente das boas atitudes é correto e nos deixa feliz. Descubra uma família que está passando por necessidades e ajude.

PERDI O CARTÃO DO BANCO, MAS TRANSFORMEI ALGO NEGATIVO EM POSITIVO

Certa vez, quando fui comprar o presente do amigo secreto, descobri que tinha perdido o cartão do banco. Procurei manter a tranquilidade, apesar de ficar irritado com a minha falta de cuidado. Pensei: "Hoje é sexta-feira, 13h, o banco fecha às 16h. Tenho que tomar uma atitude".

Lembrei-me de que eu tinha duas contas e dois cartões na mesma agência. Eu estava a 5 km do meu banco. Resolvi ir correndo, aproveitando que estava de calção e com um tênis apropriado. No caminho, aproveitei para entregar mensagens com dicas de paz e saúde. Quando faço isso, peço licença e, com toda educação, entrego as dicas. Não insisto e respeito quem não quer pegar o cartão. A pessoa será ajudada pela leitura. No cartão, também oriento a cuidar da saúde. Nesse livro, tem o modelo.

Acabei gostando da situação. Como tinha o objetivo de chegar à agência, corri num ritmo forte e me surpreendi com o meu desempenho. Analisei: "O que nos faz caminhar e seguir a nossa jornada são as metas". E a fatalidade havia gerado duas coisas boas: entregar cartões e correr bastante para chegar à agência a tempo.

Cheguei e deu tudo certo, cancelei o cartão perdido e transferi o dinheiro para a outra conta. Voltei correndo e andando, no total foram cerca de 12 km. E então, fiquei feliz por ver que a vendedora sorriu muito quando retornei para comprar o presente do amigo secreto. Falei assim: "Pensou que eu não ia voltar"?

No fim, levei das 13h até às 18h para comprar o presente do amigo. Se eu não tivesse perdido o cartão, teria resolvido tudo em no máximo em uma hora. Mas transformei algo negativo em agradável. Eu me conheço: se tivesse ido de carro, teria ficado resmungando. E, de ônibus, eu ficaria muito chato. Como estou preparado fisicamente, fui correndo, foi excelente, com a sensação de que tirei o estresse do ano todo.

Agradeci a **Deus** pela solução maravilhosa. E sempre que tenho que mudar de direção, penso que é uma proteção para evitar problemas.

Dica: tenha calma quando acontecer uma turbulência – em casa, no trânsito, no trabalho ou no lazer, evite discussões e agressões. Ajude, mas não coloque o peso das pessoas nas suas costas. Você tem que ter equilíbrio para buscar soluções e não sofrer mergulhando no estresse. Vamos viver usando a sabedoria.

57

QUANDO CRIANÇA, CAÍ DO TELHADO EM CIMA DE UMA CALÇADA

Quando eu era criança, morava no interior e não tinha muitos amigos, vivia procurando e explorando novas brincadeiras. Um dia, aproveitei a distração de todos e fui brincar em um lugar muito perigoso. Subi no telhado e comecei a andar sobre a casa. Criança acha tudo divertido e não tem noção do perigo.

Fui descer usando a porta da cozinha como apoio. Ao colocar o pé, perdi o equilíbrio e caí de cabeça na calçada. Foi um milagre não ter morrido. Lembro-me até hoje da queda. Qualquer batida na cabeça é perigosa, imagine cair de cima de um telhado. Tenho certeza de que **Deus** salvou a minha vida.

Oriento os pais a ficarem sempre atentos, pois, um minuto de distração é suficiente para as crianças se envolverem em brincadeiras perigosas. Hoje tenho como meta antecipar e evitar os problemas, eliminar riscos que, muitas vezes, estão em nossa frente. Temos que ficar atentos aos sinais. Na minha oração da manhã, peço ajuda para todos.

58

TOME TODAS AS ATITUDES QUANTO À SEGURANÇA QUANDO FOR FAZER UM PASSEIO NA MATA. APRESENTO A HISTÓRIA DO CACHORRO E DA COBRA

Fui passar férias no interior. Adorávamos brincar e uma das diversões era pescar em um pequeno rio. Um dia, fomos pescar e o cachorro começou a latir muito. Fomos ver o que era e tivemos a surpresa de ver uma grande cobra, com a boca aberta, o suficiente para picá-lo e matá-lo. Puxamos o cachorro pelo rabo e saímos correndo no meio do mato.

Cada galho que nos enroscávamos era o bastante para imaginarmos a cobra nos picando. Era grito de todo lado. Corremos muito até chegar ao vizinho próximo de casa. Contamos o que havia acontecido e ele foi tentar achar a cobra, mas, sem sucesso. Com certeza, **Deus** nos ajudou por meio do nosso cachorro. Ficamos um bom tempo sem ir pescar e, quando fomos, o cuidado foi redobrado.

Dicas! O ideal é ter vários acessórios para entrar na mata: botas para se proteger das cobras, roupas e todo material de segurança; se for um passeio em um lugar desconhecido, as autoridades da região devem ser informadas e um guia experiente deve ser levado junto para mais segurança de todos;

TESTEMUNHO: DEUS APARECEU E ME CUROU!

menores de idade não podem fazer nada sem a permissão ou acompanhamento dos pais; planeje todos os detalhes para o passeio ser bem-sucedido.

Hoje é possível olhar a previsão do tempo para evitar surpresas com chuvas enchendo os rios, com deslizamentos de terra, etc. Cuide de tudo, faça o seu melhor no que se refere à segurança.

59

PERDI TODO O MEU DINHEIRO EM UM JOGO

Quando jovem, fui jogar para ganhar dinheiro e ir a uma festa. Fui com uma pequena quantia no bolso, o que sobrava do troco do pão e outras coisas desse tipo.

Apostei em uma brincadeira com clubes de futebol. Ganhei um bom valor, o suficiente para o meu lazer. Fiquei muito feliz e, ao sair do parque, parei em outro jogo, apostei tudo o que havia ganhado, só que, dessa vez, perdi tudo. Fiquei muito triste. Eu tinha 17 anos e prometi nunca mais jogar e cumpro a minha promessa até hoje.

Durante muito tempo, me culpei por perder o que tinha ganhado, mas, hoje sei que foi proteção de **Deus**. Se eu tivesse ganhado, continuaria jogando, correndo o risco de me viciar. Como perdi, vi que era ruim e evitei esse processo destrutivo na minha vida.

Minha sugestão é não começar a jogar. E se você está enfrentando problemas com isso, procure ajuda e pare. Existem profissionais habilitados para ajudar os viciados em jogo. Seja forte, recomece se tiver alguma recaída. Querer é poder e você conseguirá vencer e se livrar dessa escravidão. Vá orar em comunidade, pois a fé será fundamental no tratamento.

60

HONESTIDADE SEMPRE

Terminei a aula de musculação e fui ao banheiro. Vi uma carteira em cima da pia e perguntei se tinha alguém no banheiro, mas, ninguém respondeu. Saí e fui procurar ajuda. Encontrei uma moça e pedi para que ela me acompanhasse para servir de testemunha. Então, juntos, com a carteira em mãos, levamos na administração do local e em pouco tempo o dono foi localizado. É necessário, sabedoria, até para fazer o bem. Se eu pegasse a carteira sozinho, alguém poderia pensar que eu estaria furtando.

É fundamental sermos corretos em todos os setores da nossa vida. Quando se trata de honestidade, não existe o meio honesto ou um erro pequeno. Temos que agir de maneira correta em tudo, sempre. Se recebermos o troco errado, devemos devolver imediatamente; quem trabalha com vendas, deve passar as informações verdadeiras. A verdade é liberdade para continuarmos nossa missão oferecendo o nosso melhor.

Nunca aceite uma proposta errada por fortuna nenhuma desse mundo, nem pequenas vantagens em alguma coisa que venham de desonestidade. A maior riqueza do ser humano é o seu nome.

Se comprar alguma coisa, pague. Se não puder pagar, faça um acordo em pequenas parcelas. Vivendo de modo correto você terá uma vida melhor. Colhemos o que plantamos, então, plante o bem.

Se você está fazendo ou já fez coisas erradas, pare e se arrependa, peça perdão ao Senhor **Jesus Cristo** e comece vida nova. Planeje a sua vida pessoal e profissional para diminuir futuras dificuldades. Guarde uma parte do seu salário como reserva para eventualidades. Se você não está contente com o seu rendimento, faça cursos, atualize-se e pense num plano b para aumentar a sua renda.

Nunca saia do seu emprego sem antes arrumar outro e faça um bom planejamento para melhorar o seu futuro. Se estiver desempregado, tenha fé, acredite, entregue currículos, pense positivo. Enquanto procura um trabalho, estude, faça outras atividades; você pode descobrir outro dom para ganhar o seu ganha-pão.

A pessoa íntegra tem mais chance de alcançar o sucesso. Acumular dinheiro de forma desonesta não garante o futuro. O trabalho justo, o negócio correto e o dinheiro adquirido de forma certa sempre serão abençoados. O dinheiro conquistado com a dor do próximo ou de forma desonesta, não será abençoado.

O que garante um futuro tranquilo é a ética e fazer o bem em geral. Ficar alucinado para acumular fortunas e guardar dinheiro enganando as pessoas, não garante o futuro de ninguém. O certo é comprar os seus bens materiais com o suor do seu trabalho digno.

O bem sempre vencerá o mal e tudo o que o ser humano plantar, vai colher. Seja correto sempre.

COM APROXIMADAMENTE 12 ANOS, FUI AO JOGO DE FUTEBOL NA CAPITAL E TIVE PROBLEMAS

Certa vez, fui assistir ao jogo de futebol em Curitiba (PR). Eu morava em uma cidade pequena do interior e nunca tinha ido para a capital sozinho. Na época, eu tinha aproximadamente 12 anos.

A viagem foi tranquila e achava aquela nova experiência divertida. Chegando no estádio, todos correram para entrar e fiquei sozinho. Lembro-me de que fiquei desesperado, nunca tinha visto tantas pessoas juntas. Pensei: "O que vou fazer"? Não tinha a mínima ideia. Era um jogo importante, com mais de 40 mil pessoas. Nunca tinha ido a um jogo de futebol e não estava preparado para aquela situação difícil. Com certeza, ia me perder.

Um rapaz da minha cidade me viu perdido, pegou na minha mão, me levou para o campo. Ele comprou pipoca e cuidou de mim. Ele não me conhecia, mas me ajudou, porque viu que eu estava com problemas. Eu o conhecia de vista, já o acompanhei jogando futebol no clube da minha cidade, além de um coração bom, era um craque da camisa 10.

Foi proteção do Senhor em minha vida o colocando para me ajudar. Agradeço a **Deus** e ao rapaz pela ajuda.

Dicas! Adolescentes: "Para segurança, sejam obedientes e conversem sempre com as pessoas responsáveis por vocês, assim, podem evitar vários problemas. Respeitem seus professores". Pais: "Muito diálogo, orientem as crianças, avaliem a segurança das brincadeiras".

62

ACIDENTEI-ME DE MOTO PORQUE UM CACHORRO ENTROU NA FRENTE

Deveria ter 17 anos na época e fui para a praia de moto, na garupa do meu amigo. Aliás, gostaria muito de reencontrá-lo.

Fiz a viagem com muito medo, o tempo todo. Lembro-me de que fomos de madrugada. Ficava muito inseguro nas curvas, inclusive, atrapalhando o piloto.

Tudo foi bem na ida e durante o tempo na praia, pois o meu amigo tinha muita experiência e conduzia a moto com muito cuidado. Na volta, aconteceu o que tinha temido a viagem toda. Na BR, um cachorro atravessou na frente da moto, causando um acidente.

Carros e caminhões pararam bem próximos de nós. Eu não vi nada, só me lembro da moto caindo e eu deslizando vários metros no asfalto. Quando parei, ouvi os últimos gritos do cão. Que dó!

Deitado no asfalto, eu tinha medo de me levantar, pois, pensei que pudesse ter quebrado várias partes do corpo. Fui mexendo as mãos e, então, me levantei. Não havia machucado nada. Ali senti o milagre de **Deus** salvando as nossas vidas. Não sofri nenhum arranhão, o meu colega também não. A moto ficou muito destruída.

Uma senhora me deu água. Ela estava mais assustada do que eu enquanto me ajudava. O acidente parou a BR e o grande milagre foi nenhum veículo ter batido em nós.

Por coincidência, um amigo passou e me deu carona. A moto estava muito estragada, mas ainda andava, então meu colega voltou pilotando para a nossa cidade. À época, e ainda hoje, sinto muito pela vida do cão.

Dicas: ao pilotar uma moto, seja cuidadoso e use todos os acessórios, como capacete e luvas. Tenha responsabilidade e respeite as normas de segurança. A sua vida é preciosa. E cuide também da vida do próximo.

63

APÓS MUITO TEMPO DESEMPREGADO, RECEBI UM PENSAMENTO MOSTRANDO ONDE HAVIA UM EMPREGO

Quando completei 18 anos, eu ainda morava em uma cidade pequena do interior do Paraná e estava há muito tempo desempregado. E o local contava com poucas oportunidades. Mas eu tinha muita fé, era a minha força para seguir. E, um dia, aconteceu um fato importante.

Acordei de madrugada e tive um pensamento de que havia uma vaga de emprego em uma determinada empresa. No dia seguinte, fui até a loja e, realmente, tinha uma vaga. Eu estava tão desesperado, que na entrevista aceitei tudo o que o gerente pediu; respondi sim para tudo.

Fui contratado, aprendi a fazer manutenção de motos, a vender peças e outras atribuições. Na realidade, eu achava que não tinha a mínima condição de conseguir o emprego, mas fui contratado pela bênção de **Deus** na minha vida.

Depois que entrei, todos os funcionários gostaram de mim. Pela minha simpatia e lealdade, eles me ajudaram, me ensinando com toda a paciência, todos os processos da loja. O meu gerente era excelente. Foi uma aventura e fiquei um bom tempo nessa empresa, só saindo porque fui morar na capital. Já falei sobre isso aqui.

Devemos ficar atentos, pois, normalmente, uma boa ideia vem em nossa mente quando menos esperamos. Hoje, tenho o hábito de anotar os bons pensamentos para analisá-los com calma para ver se é possível aplicá-los. Os negativos, afasto todos imediatamente.

Desejo que você consiga aproveitar os bons pensamentos para melhorar a sua vida!

GASTEI TODO O MEU ACERTO DE TRABALHO EM POUCOS MESES. NÃO GASTEI O FUNDO DE GARANTIA, PORQUE NÃO SABIA DA EXISTÊNCIA DELE

Com 20 anos, consegui um emprego em que ganhava muito dinheiro, só que, devido à minha pouca idade, gastava tudo o que recebia. Hoje, me relaciono muito bem com as finanças. Anoto em um caderno todas as despesas e só faço uma compra à prestação depois que termino a que já tenho. Também procuro guardar dinheiro para depois comprar à vista e, principalmente, deixo uma reserva financeira para eventualidades.

Voltando ao meu emprego, um dia, eu pedi para sair e gastei todo o meu acerto em poucos meses. **Deus** é perfeito, só fui descobrir ter o Fundo de Garantia (FGTS) após 15 anos. Nessa época, como já aprendera a administrar meu dinheiro, fiz um ótimo negócio, investindo o valor. Se eu tivesse recebido com o acerto da empresa, com certeza teria gastado tudo.

O dinheiro do Fundo de Garantia chegou no momento certo em minha vida. Hoje, desfruto desse investimento. O grande segredo não é o quanto você ganha, mas sim, o valor que gasta. É fundamental fazer um curso de como administrar as finanças, pois é uma porta para a paz no orçamento familiar.

65

DORMI AO VOLANTE E SÓ NÃO BATI PORQUE O MEU AMIGO VIROU A DIREÇÃO

Quando eu tinha 24 anos, voltando de uma festa com um amigo, dormi ao volante. No mesmo instante, o carro foi em direção a um poste. O meu amigo conseguiu virar o volante, evitando o acidente. Foi um milagre de **Deus** em nossas vidas. Hoje sei que errei e que não deveria ter dirigido cansado. A direção defensiva preserva vidas.

Também, é muito importante não dirigir ou não pegar carona com uma pessoa que consumiu bebida alcoólica. Aliás, faça o possível para evitar que uma pessoa que consumiu álcool dirija. E procure adquirir experiência antes de viajar. Muitas vezes, o motorista recém-habilitado não está pronto para dirigir na estrada. Nesse caso, o treinamento é fundamental. Seja humilde, treine, e seja um motorista responsável.

Manter distância dos carros, tanto na estrada quanto na cidade, é importante para a segurança. Tenha todo o cuidado sempre. Dirigir preocupado, sem concentração é perigoso. Não use celular ao conduzir um veículo. Mantenha o foco para evitar acidentes. Fazer o certo é o segredo para ter segurança no trânsito.

MOTORISTA PERDEU A DIREÇÃO E CARRO INVADIU RESTAURANTE. SÓ NÃO ME ATINGIU PORQUE, MINUTOS ANTES DO ACIDENTE, MUDEI DE MESA

Eu trabalhava em uma empresa como supervisor de vendas e viajei para acompanhar um vendedor. Chegamos na cidade, trabalhamos o dia todo e fomos jantar.

Entramos no estabelecimento e escolhemos a mesa número 1, ao lado da janela. Passados alguns minutos, nos levantamos e mudamos para a mesa 15. Acho que não deu nem dois minutos, um motorista perdeu o controle do carro e invadiu a lanchonete, atingindo a mesa número 1.

Lembro-me de que pulei a janela correndo, imaginando que o prédio ia desabar. Fiquei muito assustado. Então, nos sentamos na esquina e analisamos o milagre do Senhor **Jesus Cristo** que tinha acabado de salvar nossas vidas.

É importante prestar atenção ao receber um pensamento de alerta. Valorize-o, pois, pode ser **Deus** te avisando, para evitar um problema ou para ajudar o próximo.

Nesse momento, desejo bênçãos para todas as pessoas envolvidas no acidente.

ESTAVA COM O CARRO CARREGADO, PRONTO PARA VIAJAR, E CANCELEI DEVIDO A UM PENSAMENTO

Uma vez cancelei uma viagem à praia ao receber um pensamento quando fui ligar o carro. Na minha mente, surgiu uma pergunta: "Se eu tinha urgência de viajar". A minha bagagem estava no carro. Quando a minha acompanhante foi colocar a mala dela, falei: "Não vamos viajar. Recebi um pensamento forte para não irmos".

No mesmo dia, fiquei sabendo que a cidade para onde iríamos, estava isolada por conta de um forte temporal. Ninguém entrava ou saía da cidade. Havia chovido forte durante uma semana. Infelizmente, a BR por onde passaríamos estava fechada, pois, em determinado trecho da rodovia, um morro havia desmoronado.

A minha acompanhante ficou impressionada com a proteção que recebemos de **Deus**. Temos que ficar atentos a sinais e mensagens alertando sobre problemas futuros. **Deus** nos ajuda por meio dos nossos pensamentos ou das pessoas.

68

FAÇA CURSO DE PRIMEIROS SOCORROS PARA SALVAR VIDAS

Acordei de madrugada afogado e com o coração batendo acelerado. Falei em pensamento: "**Jesus,** me ajude". Baixei a cabeça e comecei a pressionar o meu estômago. Consegui respirar. Esse sofrimento me fez refletir: "Temos que ter noção de como desafogar mesmo quando estamos sozinhos".

Pesquise e faça curso de primeiros socorros para salvar a sua vida e as de outras pessoas. Reflexão: quando estamos em perigo, chamamos pessoas próximas e socorro médico para nos ajudar. Por meio da oração, chamamos o Senhor **Jesus Cristo** para nos salvar.

Aproveito para orientá-lo a aumentar a sua fé, sem idolatria por pessoas. Quem tem ou cuida de criança pequena, deve fazer um curso de primeiros socorros com profissionais habilitados. A informação e a preparação são fundamentais para salvar vidas.

APÓS RECEBER UM PENSAMENTO PARA EVITAR UM ACIDENTE, TIREI UMA BARRA DE CONCRETO DO CAMINHO, ONDE PASSAVAM VÁRIAS PESSOAS

Estava na praia, esperando o Ano-Novo chegar. Uma parte das pessoas estava na calçada e muitas outras na areia. O lugar onde estávamos era sem acesso ao mar e as pessoas fizeram uma passagem entre a calçada e o barranco para chegar à areia. Notei que no caminho para ir à praia, tinha uma barra enorme de concreto. Recebi um pensamento muito forte para tirá-la dali imediatamente. Agradeço de ter atendido o pensamento toda vez que me lembro disso.

Com muito esforço e sem falar para ninguém, tirei a barra de lá e a levei para um lugar seguro. Após alguns minutos, uma pessoa caiu bem no lugar de onde eu tirei a barra de cimento. Ela bateu as costas na areia, mas se levantou imediatamente. Fiquei muito emocionado, porque se ela tivesse caído em cima da barra de concreto, teria se machucado.

Digo, então, que se você receber um pensamento para o bem, com cuidados para evitar acidentes ou qualquer coisa do gênero, atenda-o imediatamente. Por exemplo, se você

TESTEMUNHO: DEUS APARECEU E ME CUROU!

observar que o chão onde as pessoas estão passando está molhado, sinalize, fale com o responsável para que o local seja enxuto.

Grande parte, dos acidentes se deve à imprudência das pessoas. **Deus** pode lhe usar para salvar a vida do seu próximo, fique atento aos bons pensamentos.

70

A PROFESSORA AJUDOU UM ALUNO QUE FICOU DOENTE

Fui visitar a minha cidade, no interior do Paraná, e na mesma ocasião, tinha uma reunião para rever todos os familiares. Tudo aconteceu como planejado, fiquei em um hotel e no outro dia de manhã, fui tomar o café. Realmente, estava como foi anunciado, com grande variedade de bolos, frutas, tudo que se encontra na refeição.

Aprendi que, na maioria das vezes, só teremos uma oportunidade nessa vida de nos relacionarmos com algumas pessoas. Por exemplo, talvez você só veja uma única vez um cobrador de ônibus ou alguém que pede uma informação na rua. Então, tenho como princípio ser bacana com todos, sorrindo e falando uma boa palavra, agradecendo o serviço prestado. Também, tenho o hábito de entregar um cartão com dicas de paz, para todas as pessoas com as quais tenho contato. Entregar o cartão é um gesto de carinho. E tenho conseguido cumprir a minha meta.

Voltando ao café da manhã, comecei a conversar e agradeci à senhora responsável por ele. Como eu não morava há muito tempo na cidade, informei como referência uma professora que era conhecida por todos. A senhora do hotel que preparava o café, ao escutar o nome que mencionei, ficou emocionada. Ela me disse: "Essa professora ajudou o meu filho, levando-o para o hospital. Isso foi fundamental para salvar a vida dele".

TESTEMUNHO: DEUS APARECEU E ME CUROU!

Realmente, essa professora é muita querida e ajuda muito a todos. Fiquei impressionado como o bem nunca se apaga na cortina do tempo. Mesmo que o papel se estrague e não seja possível fazer a leitura, fica na memória das pessoas.

Faça o bem, leve a boa ação em seu coração.

71

FOMOS CATAR PINHÃO E FOMOS SURPREENDIDOS COM UMA CERCA DE ARAME MISTURADA COM O MATO

Certa vez, fomos catar pinhão. Foi uma correria, porque estávamos com crianças entre 3 e 10 anos. Chegamos ao local e já começou a aventura para irmos aos pinheiros era necessário andar por árvores e muito mato.

No primeiro pinheiro, não fomos bem-sucedidos, pois, não tinha pinhão. A árvore tem o tempo certo de soltar os pinhões no chão. Comecei a prestar atenção nos pequenos, verifiquei se havia algum tipo de perigo, como a presença de cobras.

No segundo pinheiro, encontramos pinhão no chão. Toda vez que eu gritava que tinha achado pinhão, os meninos e as meninas se aproximavam. Como falei, estava sempre de olho, cuidando de todos.

Tinha uma criança que ficava sempre onde eu estava. Comecei a ajudá-la. Inclusive, a mãe dela me ajudou muito, tratando da minha saúde e oferecendo uma grande consultoria para todos da família.

Ao mudarmos de pinheiro, encontramos muito mato e, próximo a ele, uma cerca de arame farpado com pontas muito afiadas. Eu só parei, porque sabia que ali tinha uma cerca. A menina que estava me seguindo veio andando rapidamente

TESTEMUNHO: DEUS APARECEU E ME CUROU!

e não viu a cerca. Como eu já estava em alerta para evitar acidentes, gritei: "Pare! Olhe a cerca"! A menina, muito inteligente, parou, ficando a centímetros do arame farpado.

Qual a lição que tirei desse fato? Primeiro, temos que viver sem medo, mas procurando cuidar das pessoas. Olho de águia, enxergar na frente, ser anjo do bem na terra. Segundo, fiquei muito feliz com o amor de **Jesus Cristo** me ajudando a evitar o acidente.

Lembro-me de que perdi os meus óculos no mato e uma pessoa os achou. Na minha avaliação era impossível encontrá-los. O Senhor é maravilhoso e me ajudou até nos detalhes.

72

APRESENTO O MEU CARTÃO COM DICAS DE PAZ E ALERTO QUE OPORTUNIDADES SÃO DESPERDIÇADAS POR FALTA DE CALMA

Utilizo uma frase no cartão que costumo entregar para levar a paz às pessoas: "Na turbulência, muita calma, evite discussões e agressões". Existem pessoas que perdem grandes oportunidades de trabalho e fracassam em seus projetos por não conseguirem manter a serenidade em momentos difíceis.

Acompanhei a carreira de uma pessoa importante, que no momento das divergências perdia a tranquilidade, gritava e falava palavras agressivas. Esse comportamento foi destrutivo para a sua profissão e para a sua vida, pois, encheu seus inimigos de razão e afastou os seus amigos.

Temos que pensar antes de falar quando estamos nervosos. Uma frase errada compromete o nosso futuro. É fundamental manter o equilíbrio em qualquer situação e tentar não revidar às agressões com palavras ou força física.

No trânsito, se você for agredido verbalmente, respire fundo e olhe para o outro lado, não revide. A pessoa pode estar armada. Acalme-se e evite uma tragédia.

TESTEMUNHO: DEUS APARECEU E ME CUROU!

Em seu trabalho, em casa, em qualquer ambiente, mantenha a serenidade e evite discutir e, sobretudo, agredir. Depois que tudo passar, se a outra parte quiser, com equilíbrio, resolvam o assunto. E se a pessoa é daquelas que não se acalmam nunca, impossibilitando o diálogo, siga em frente e seja feliz.

Eu sonhei que eu tinha a missão de orientar uma pessoa. No sonho, ela estava triste e falou: "Não tenho mais chance. Fiz tudo errado por conta do meu nervosismo e da minha agressividade". Respondi: "Arrependa-se dos seus erros, peça perdão para **Deus** e mude". Pense antes de falar, mantenha o equilíbrio e respeite as pessoas. E finalizei: "É fundamental procurar ajuda. Existem profissionais habilitados para auxiliar e, principalmente, ajudá-lo a evitar o que você está fazendo errado".

Saindo do sonho, quero lembrar da postura de **Jesus Cristo** quando o povo levou até ele uma prostituta para ser acusada. O acusador falou: "Essa mulher foi pega em adultério. Segundo a Lei, ela deve ser apedrejada". **Jesus Cristo** poderia usar o seu poder e mandar o povo embora, mas ele não fez isso. Ele pensou, analisou e, com sabedoria e muita calma, respondeu: "Quem não tem pecado que atire a primeira pedra". O povo foi embora sem apedrejá-la. O segundo ponto que destaco é que **Jesus Cristo** não a acusou, perdoou-a e pediu para não pecar mais. **Jesus** deu um grande exemplo de sabedoria em um momento de tumulto.

Voltando ao cartão, além de várias dicas, coloquei nele como a pessoa pode se aproximar do Senhor de forma simples e rápida. Primeiramente, arrependa-se, peça perdão pelos seus erros e perdoe a todos. Em segundo lugar, fale que deseja receber **Jesus Cristo** em seu coração. E para finalizar, batize-se.

A minha rotina é a seguinte: saio às ruas a fim de distribuir o cartão para levar paz e amor às pessoas. Muitas vezes, vejo alguém triste e entrego o cartão para tentar ajudar. Preocupo-me, também, com as pessoas que estão com ódio no coração ou outros sentimentos negativos. No cartão constam palavras de vida, como os Mandamentos de **Deus**, por exemplo, de não matar, assim como muita motivação para as pessoas viverem e praticarem esportes. Faço de conta que sou um anjo da guarda. Porém, respeito quando a pessoa não quer pegar o cartão e sempre peço licença ao me aproximar.

Uma vez, aconteceu algo muito legal. Estava em um evento, conversando com um amigo, quando uma pessoa se aproximou e agradeceu o cartão que eu tinha entregado no dia anterior. A jovem pediu mais orientações, pois, estava carente, perdida e precisando de ajuda.

Eu sempre tive amigos que me ajudaram em cada fase da vida. Agradeço a todos imensamente. Esse amigo que estava comigo, me ajudou muito, além de ser parceiro em um projeto de caridade.

É raro o dia em que eu não entrego um cartão. No ano de 2022 foram feitos mais de oito mil! Penso que esse é o segredo da vida: você transmitir para as pessoas tudo aquilo que o ajudou a alcançar os objetivos.

Um dia, fui entregar para algumas pessoas que estavam cortando grama. Quando cheguei perto, uma pedra pulou e bateu na minha sobrancelha. Foi um milagre não ter furado meu olho. Aprendi e sempre alerto as pessoas a usarem óculos quando forem cortar a grama. E agora só vou conversar com as pessoas quando a máquina estiver desligada.

Uma dica! Deveria existir uma campanha permanente pela paz nos estádios de futebol, nas escolas, nos teatros, na TV, em todas as partes do mundo. Eu tenho fé e acredito que com um pouco de boa vontade é possível ajudar as pessoas.

TESTEMUNHO: DEUS APARECEU E ME CUROU!

Dicas de Paz, Saúde, Amor e Fé!
NÃO FORCE! Na turbulência, muita calma, evite discussões e agressões.

"Proteja o seu coração, dele depende toda a sua vida" (Provérbios 4:23). Cuide da sua alimentação! Procure ajuda para afastar pensamentos negativos e depressão. ECONOMIZE ÁGUA! Não discrimine e sem ciúme! Perdão no coração! Mente positiva por meio da fé e do esporte! Consulte o seu médico antes de iniciar uma atividade física. Faça exame médico completo! O trabalho e o estudo melhoram a vida! Tire o rancor! Não faça fofoca e difamação!
DESAFIO! AVALIE: pare com hábitos ruins para não destruir o CORAÇÃO! Procure ajuda! RECOMECE SEMPRE.

Perigo! Se dirigir não beba! No trânsito: direção defensiva! Atenção motociclistas! Fone de ouvido e celular geram falta de atenção e causam acidentes no trânsito. Vá orar para se fortalecer e ficar com a mente positiva! Não matar! Mandamento de Deus!

VIVA: CUIDE DA VIDA. (1) Perdão é com Jesus; (2) "Se você confessar que Jesus Cristo é o Senhor e crer que Deus o ressuscitou dentre os mortos, serás salvo" (Rm 10:9); (3) "Jesus fala do batismo na Bíblia" (Mateus 28:19). Caridade: dicas, alimentos e outros. HONESTIDADE!
CUIDADO com gás, celular carregando, crianças no fogão e outros!

73

O CORPO E A MENTE PEDEM PAUSA

Às vezes, é importante parar e se recolher. Tirar pelo menos um dia para se dedicar a si próprio. Corpo e mente necessitam de descanso! Assim, mantenha a saúde física e mental para continuar a vida. No mundo de hoje, que demanda muito de todos nós, se não impusermos limites, os compromissos nos consomem. Seja inteligente e saiba desacelerar, pausar e cuidar de si próprio.

É MUITO PERIGOSO BRINCAR SE VESTINDO COM O TRAJE DO INIMIGO E LEVAR PARA CASA COISAS E OBJETOS DO MAL

Se você ama a sua família, só leve o bem para dentro da sua casa.

Experiência e conhecimento da vida: só estou escrevendo este texto porque tem 100% de verdade em minhas orientações. O objetivo deste livro é passar força e fé, não amedrontar. Conheço o mundo espiritual e, com muito cuidado, vou escrever algumas dicas.

Não brinque se vestindo com o traje do inimigo e nunca leve para sua casa objetos que representem o mal. Um objeto do mal em sua casa, ou nomes malignos pronunciados na hora da raiva, podem trazer coisas ruins para a sua vida. Se você visse o mundo espiritual entenderia o que estou falando.

Em todos os setores da vida, principalmente em sua casa, só coloque objetos e coisas que representem o bem: amor, paz, saúde, perdão, caridade, fé e salvação. Limpe o seu coração e afaste tudo o que for ruim. Escolha um lugar de sua preferência e vá orar. Confie e siga os ensinamentos de **Jesus Cristo**. Essa é a melhor decisão em sua vida.

ECONOMIZE ÁGUA

1. Utilize um balde e uma vassoura, ou a água da máquina de lavar roupas para limpar calçadas, garagens, etc.

2. O banho deve ser rápido.

3. Faça a barba com a torneira desligada e use um copo com água para escovar os dentes.

4. Para lavar a louça, utilize um pedaço de papel e tire a sujeira grossa, assim não entope a pia.

5. Economize, primeiro passe a esponja nas louças com a torneira desligada.

6. Depois, para enxaguar, é possível reutilizar a água deixando um recipiente embaixo da torneira.

7. Abra a torneira com responsabilidade, deixando sair pouca água para não desperdiçar.

8. Economize água na hora de lavar o carro; por exemplo, use um balde e um pano especial para limpeza.

9. Para beber, use água filtrada, escolhendo um equipamento que ofereça qualidade na purificação.

Use a sua criatividade! Existem outras formas para economizar água.

76

ESTAMOS NA TERRA PARA EVOLUIR. É NECESSÁRIO BUSCAR NOVOS HORIZONTES

As mudanças fazem parte da vida. Constantemente, procuro por novas oportunidades. Comecei a fazer embaixadinhas e treinei até ficar 30 minutos sem derrubar a bola. Escrever este livro é uma forma de tirar o melhor de mim. São experiências para ajudar na evolução mental e amor para os leitores.

Recentemente, precisei de um prestador de serviços e as pessoas conhecidas estavam todas ocupadas. Pesquisei no mercado e consegui um ótimo profissional, que solucionou o meu problema e virou meu amigo. Então, percebi a necessidade de conhecer novas pessoas.

Vamos imaginar que o seu melhor amigo, devido aos seus compromissos, não tem tempo para você. Nesse caso, devemos ter a consciência de que o mundo é grande e é possível fazer novas amizades. Procure amigos conforme o seu planejamento de vida. Por exemplo, no meu momento atual, eu preciso de amigos para me acompanhar nos esportes, pessoas com objetivos parecidos.

Não podemos obrigar ninguém a ficar perto de nós, as pessoas são livres. O meu pensamento é olhar para frente e tirar o melhor de mim. Verdade, a vida oferece mudanças o tempo todo.

Certa vez, lutei muito para entrar em uma empresa e não consegui, e fui obrigado a procurar outras oportunidades. Consegui um trabalho onde eu menos esperava.

No Natal de 2022, fiz diferente dos outros anos. Para não dar trabalho para os meus parentes e para ficar concentrado na elaboração dos textos deste livro, optei em ficar em um hotel. E fui surpreendido com um presente.

A minha reserva de um apartamento simples não era possível, porque estava lotado. Em troca, ganhei um apartamento especial, mais completo, pelo mesmo preço. Imaginei que era um presente de **Jesus Cristo** e fiquei muito feliz.

Devemos evoluir sempre para tirar o melhor da vida e de nós mesmos.

DÊ UMA CHANCE PARA AS ÁRVORES

O ser humano só sente dor quando machuca uma parte do seu corpo, certo? Em um determinado lugar, havia uma árvore linda, na calçada próxima à rua. As crianças gostavam de se balançar e brincar nela.

Quando o terreno começou a ser preparado para construção, imaginei que a árvore seria preservada, pois, fornecia sombra no verão. Para a minha surpresa, ela foi cortada sem nenhuma compaixão. Nenhuma avaliação foi realizada para dar a ela a oportunidade para viver. No meu ponto de vista, ela não atrapalharia na construção. Ao contrário, ajudaria, com a sua beleza e a sua sombra.

Infelizmente, tem muito desrespeito dos seres humanos com a natureza. Recentemente, devido a um ciclone, tive que podar algumas árvores, mas em nenhum momento pensei em cortá-las. A natureza chora ao ser destruída.

Faça a diferença, plante uma árvore. Se possível, procure podar no lugar de derrubar. Chame os órgãos competentes para avaliar se alguma árvore perto da sua casa oferece riscos. Dessa forma, você consegue evitar um acidente, como uma árvore cair em cima da sua casa ou de um carro. Um profissional habilitado tem condições de avaliar se é preciso tirá-la ou se basta podá-la.

Importante: você não pode cortar uma árvore sem a devida autorização. Respeite as leis. Eu sempre irei torcer pela preservação da natureza.

78

ENCONTREI UM FILHOTE DE PÁSSARO NO CHÃO

Achei um filhote de pássaro no chão. Ele havia caído do ninho e não conseguia voar. Todas as pessoas que se aproximaram falaram que ele não iria sobreviver.

Coloquei-o na minha sacada, no oitavo andar, e lhe dei alimento e água. Na parte da tarde, abri a sacada e surpreendentemente, ele voou muito alto e foi embora feliz. Se dependesse das pessoas negativas, teria deixado morrer no chão, sem tentar ajudá-lo. Algumas pessoas, não todas, dão opiniões sem conhecerem o assunto.

Se for o plano de **Deus**, é possível fazer o impossível pela fé.

POR QUE HÁ DESGRAÇAS NO MUNDO?

Era uma vez um homem avarento que não aceitou a ajuda do seu anjo da guarda. O anjo o orientou a comprar um alimento para um faminto. O homem respondeu: "Não, só tenho dinheiro no bolso para jogar". O anjo perguntou: "Vamos visitar os doentes"? O homem falou: "Hoje não". Uma mulher pediu ajuda para ir para o hospital. E o homem: "Não, tenho uma reunião importante".

Esse homem passou a sua vida inteira sem fazer nada de bom ao próximo. Minutos antes de deixar a Terra, ele pediu a companhia do anjo para enfrentar o desconhecido. O anjo, chorando, respondeu: "Eu não posso te ajudar. Você passou a sua vida inteira negando ajuda ao seu próximo". Complementou: "O único que pode ajudá-lo é o Senhor **Jesus**, através do seu amor".

Então, o anjo pediu para o homem fazer uma oração, colocar **Jesus Cristo** em seu coração, arrepender-se, pedir perdão pelos seus erros e perdoar a todos. O homem fez a oração com muita fé e perguntou: "Por que há desgraças no mundo"? O anjo respondeu: "Muitos sofrimentos são causados porque a pessoa que domina o espaço onde vive, pratica o mal, faz guerras, é orgulhosa, egoísta, avarenta e corrupta. A Terra será melhor o dia em que cada ser humano praticar o bem em seu espaço – perdão, amor, paz e caridade".

80

O MENINO PEDIU UM PEDAÇO DE PÃO, E O HOMEM O MANDOU LEVANTAR-SE E IR TRABALHAR

Um menino estava sentado na rua com a metade do corpo coberto por um cobertor. Ele pediu um pedaço de pão para um homem que passou na frente dele. O homem respondeu: "Levante-se e vá trabalhar".

No outro dia, o mesmo homem caiu e se machucou bem na frente do menino. O garoto, que não tinha as duas pernas, se arrastou até o homem para evitar a morte dele, erguendo a sua cabeça para ele não se afogar. A vítima foi levada para o hospital e melhorou.

Uma senhora muito rica se emocionou com a atitude da criança. O garoto ganhou estudo, casa para a sua família morar e uma ajuda mensal.

Não podemos julgar as pessoas, pois, não conhecemos as suas histórias. Uma criança precisa de várias coisas: estudo, esporte, uma boa educação e, principalmente, receber os ensinamentos de **Jesus Cristo**. Plante o bem, para colher o bem: faça caridade.

O PODER DA ORAÇÃO. ORE ANTES DE RESOLVER UM ASSUNTO IMPORTANTE, COMO TRABALHO, DOENÇAS E OUTROS

Fale frases positivas para gerar paz e amor.

Certa vez, em um elevador, uma pessoa disse que estava com dor de cabeça. Falei: "Desejo que a dor de cabeça pare agora". No outro dia, encontrei a senhora na rua, que me disse: "Você é uma bênção! A dor de cabeça parou". Fiquei feliz e respondi: "O poder pertence a **Deus**. Eu não posso curar, apenas pedir as bênçãos por meio da minha fé".

Jesus Cristo atende tudo o que for correto, conforme a vontade dele. Muitas vezes, fazemos um pedido e não somos atendidos, porque não será bom para o nosso futuro. Hoje faço a minha oração assim: "Só o Senhor conhece o meu futuro. Cuide de mim e de todos os meus familiares, amigos e de todas as pessoas".

Aproveito para relatar mais três experiências positivas com a oração. Fui visitar uma amiga que estava doente. Ela afirmava que não tinha mais chance de melhorar. Fiz uma oração e pedi para ela pensar positivo, imaginando que **Deus** iria ajudá-la por meio dos medicamentos. Orientei-a seguir rigorosamente o tratamento dado pelo médico. Para minha surpresa, após alguns meses a encontrei dirigindo. Ela parou o carro e disse que a sua saúde havia melhorado. Fiquei muito feliz com a notícia.

Em outra visita para um amigo doente, aconteceu algo muito legal. Quando cheguei, ele falava baixinho, eu quase não conseguia entender. Antes de ir embora, fiz uma oração e, quando terminei, o doente sorriu e começou a falar alto, com mais força. Fiquei impressionado com o fato. E certa vez, eu não estava bem, estava muito estressado. Após receber uma oração, fiquei muito bem, foi uma transformação agradável.

A fé é uma bênção para os seres humanos. Desde que comecei a orar antes de decidir algo, a minha vida melhorou muito. Quando você tiver dúvidas sobre determinado assunto, o melhor caminho é orar pedindo a direção de **Deus**. Se for possível, espere e não decida nada. Receberá pensamentos e outras percepções mostrando o melhor caminho a seguir.

Mantenha a mente calma. Muitas vezes, o nervosismo e o excesso de trabalho deixam a pessoa confusa. É nesse momento que acontece o erro. Se o assunto puder esperar, aguarde um tempo para melhorar a sua compreensão. Após descansar, vai conseguir analisar todos os pontos negativos e positivos do assunto. E fique atento com os pensamentos e os sinais em resposta à sua oração.

Hoje tenho o hábito de orar antes de tomar um remédio. A fé é fundamental para ele fazer efeito. Sempre que tiver qualquer problema, procure um médico. E você pode orar antes de ser atendido para que ele acerte no seu tratamento. É fundamental sempre fazer exames para antecipar qualquer problema de saúde.

Vou contar outra bênção que recebi. Estava correndo com o cachorro da família, e depois de alguns minutos levei um susto. O cão, ao pular para pegar uma bola, não conseguiu colocar a pata no chão e logo se sentou. Chamei e ele não quis se levantar. Parecia que ele tinha se machucado. Fiquei muito preocupado, afinal, ele não era meu. Pensei: "O que vou falar para a tutora dele"? Analisei: "Será que forcei demais na corrida"? Coloquei a mão na cabeça do cão e fiz uma oração para **Jesus** curá-lo, afastando a sua enfermidade.

A tutora viu que paramos de correr e veio verificar o que estava acontecendo. Ao ver o cachorro sentado, ficou preocupada. Para o nosso alívio, ele se levantou e começou a andar sem mancar. Ficamos felizes.

À noite, quando me deitei, tive uma revelação muito linda. Eu vi uma abertura no céu e uma luz descendo bem no lugar em que havia feito a oração para o cão. Agora eu sei que quando oramos com fé, uma luz desce do céu e ilumina tudo. Ore sempre!

ORIENTAÇÕES PARA PAIS, AVÓS E FILHOS(AS)

Seguem algumas dicas elaboradas por mim que acredito serem muito importantes:

1. "Na turbulência, muita calma, evite discussões e agressões."

2. Não fale a frase: "Você não será ninguém".

3. Palavrão ou nome do inimigo jamais devem ser pronunciados, pois, trazem energia ruim para a sua casa.

4. Se você oferecer bebida alcoólica para seus filhos, pode ter problemas no futuro.

5. Se os pais e os avós não são acostumados com bebida alcoólica, evitem oferecer.

6. Não compare, nem coloque defeitos em seu familiar elogiando terceiros, pois, isso estimula a mágoa e o ciúme.

7. A fé em **Jesus Cristo** é fundamental. Se possível, leve toda a sua família para orar em comunidade. Escolha um lugar de sua preferência. Com a sabedoria de crianças, jovens, pais e avós, a vida fica melhor. É ótimo quando alguém mostra o caminho do bem; a experiência vale ouro. A verdadeira beleza vem do coração!

INFORMAÇÕES CORRETAS SÃO O SEGREDO PARA O SUCESSO

Eu não suportava mais o barulho das portas do armário da cozinha. Imagine um trem buzinando. Às vezes, me levantava às 5h para atender aos meus compromissos e o barulho era um golpe na minha mente. Coloquei vários tipos de óleos e o barulho só aumentou.

Considerando que o armário tem mais de 10 anos, um cliente meu, que trabalha com móveis, indicou trocar as dobradiças. Comecei a cotar os preços e depois de uma indicação, consegui encontrá-las 80% mais baratas. Detalhe: fica mais fácil se a troca das peças for feita por um profissional da área. Eu consegui a indicação de um ótimo profissional, que em uma hora trocou as 20 peças e ficaram sensacionais: iguais a algodão caindo no chão sem barulho.

Estou contando essa história para alertar sobre a necessidade de buscar informações, independentemente do assunto a resolver. Tenho o hábito de confirmar a informação recebida, inclusive no meu trabalho; pergunto sempre. Certos erros podem ser evitados com estudo e muita dedicação.

Quando tem mais de uma pessoa no negócio, fica mais fácil. Após a execução da tarefa, você pode pedir para o seu colega confirmar se tudo está correto. Conhecimento é fundamental para alcançar o sucesso em seu empreendimento.

84

PLANEJE A SUA VIDA, NÃO USE TODO O SEU TEMPO SÓ COM A INTERNET

Todas às vezes em que eu colocava um alimento para cozinhar e ficava na internet, eu deixava queimar. Nas redes sociais, o tempo passa muito rápido.

Certa vez, fui correr, só que antes queria deixar o arroz cozido. Estava ansioso, pronto para sair, e a água não fervia. Escrevi em um papel e coloquei ao lado do computador que o arroz estava no fogão e fui fazer alguns trabalhos.

Impressionante! Quando fui olhar o alimento já estava sem água e pronto. Só não queimou, porque eu tinha anotado em um papel para não me esquecer. Dica: nunca coloque algo no fogão e vá para o computador ou usar celular; é perigoso, pois você pode esquecer e queimar tudo, ou até acontecer algo pior.

Quando faço uma refeição ao mesmo tempo, em que uso a internet, fico com a sensação de que não me alimentei. Então eu aprendi: no momento da refeição não uso internet, celular, computador, etc. Concentro-me no prazer dos alimentos, inclusive para saborear um simples café. Exceção: se o seu trabalho exigir que você se alimente enquanto acessa a internet, use a dica quando estiver de folga, se desligando do mundo digital no momento das refeições.

TESTEMUNHO: DEUS APARECEU E ME CUROU!

Hoje sou bem disciplinado, uso a internet para o meu trabalho, mas procuro viver. Prefiro visitar as pessoas, praticar esportes, fazer longas caminhadas enquanto vou olhando a natureza.

Engraçado, as famílias vão almoçar nos restaurantes e depois de poucos minutos, ao invés de conversarem, darem risadas e brincarem, cada um fica em seu celular. Aliás, tenho um hábito importante: quando alguém vem almoçar em minha casa, evito pegar o celular, dou atenção total para a visita.

Viver é a coisa mais preciosa que um ser humano pode ter. Cuidado, se você não prestar atenção, os anos passarão em uma velocidade muito grande, enquanto você olha para a tela do celular ou de um computador. Mesmo ao escrever este livro, procurei me disciplinar e alternar as atividades.

85

HOMENAGEM: VIDA ETERNA

Queridos, fui viajar, mas um dia nos encontraremos. A Bíblia ensina que a pessoa que aceitar o Senhor **Jesus Cristo** em seu coração tem vida eterna. Desejo ver todos seguindo suas missões, vamos nos lembrar dos bons momentos. A saudade será inevitável, mas o amor que sinto por vocês e vocês por mim será o nosso combustível para continuarmos a jornada. O amor é eterno, remédio para enfrentar a saudade. Sim, ficarei melhor quando um anjo no céu me contar que vocês, meus queridos, continuam com os projetos que começamos juntos. Abençoo vocês em nome do Pai, do Filho e do Espírito Santo.

O Senhor está atuando em nossas vidas. Vejo **Deus** em todos os lugares desse imenso universo. Sei que passei pela Terra para me tornar uma pessoa melhor e fui abençoada. Procurei viver em paz comigo e com o próximo. Ajudei os meus amigos e, principalmente, não os julguei. Cada um tem seu grau de maturidade emocional e espiritual.

SUGESTÃO: GRUPO DE ORAÇÃO FAMILIAR

É muito importante fazer um grupo de oração com toda a família. Você pode marcar uma vez por mês ou até uma vez por semana. Uma hora de duração já é de grande proveito, mas se quiser e todos aceitarem, pode ser mais tempo.

1. Comece a reunião com um louvor.

2. Faça a leitura de um texto da Bíblia.

3. Ofereça um tempo para todos falarem e colocarem suas dificuldades, quem desejar.

4. Nunca julgue as pessoas, nem as acuse quando ouvir seus medos, problemas, etc.

5. O grupo vai orar para ajudar a pessoa que informou estar em dificuldade.

6. É importante ter um caderno para anotar os pedidos de orações.

7. Não queira perfeição no grupo de oração. O importante é a fé no Senhor **Jesus Cristo**.

8. Cuide da parte espiritual para ficar forte e seguir sua missão.

ALERTA: MONTE UMA ESTRATÉGIA PARA DEIXAR A MENTE POSITIVA

Durante o dia, no trânsito, um motorista gritou com você. No trabalho, teve um problema, um negócio não deu certo. No final da tarde, você estará triste e cansado. Vai uma dica então: faça uma caminhada de, no mínimo, 3 km. Essa tática é usada com sucesso por muitas pessoas. Mas, como eu já disse aqui, lembre-se de consultar um médico antes de iniciar qualquer atividade física.

Se não for possível fazer uma caminhada, escolha um esporte de sua preferência. O importante é fazer uma atividade para afastar o estresse. Em alguns casos, será necessário buscar ajuda de profissionais da área. Cuide da sua saúde!

Muitas vezes, para ficar com a mente positiva, eu me desligo das notícias do mundo e fico um tempo sem pensar em nada, só descansando. Uma boa leitura também é uma estratégia usada por muitos. Gosto de ir orar em comunidade para fortalecer a minha vida.

Recentemente, perdi uma pessoa querida e fiquei muito triste. Recebi um convite para orar! Aceitei. Como eu não estava bem, fui andando, um percurso de 10 km. Cheguei ao local e iniciei as orações. No final, estava forte espiritualmente para seguir a minha missão. Usei duas estratégias ao mesmo tempo: a caminhada como esporte e a minha fé.

TESTEMUNHO: DEUS APARECEU E ME CUROU!

Pratique esportes para ficar feliz e bem. Essas duas atitudes sempre me ajudam a realizar os meus projetos. Fique atento ao estresse e procure ajuda. Não se esqueça: você não é uma máquina. Cuide de você e seus familiares!

Se você não tem como praticar uma atividade física, encontre um passatempo que lhe dê prazer. Se optar em assistir filme, escolha um que lhe passe energia positiva. O importante é você montar uma estratégia para cuidar da sua vida.

Cada ser humano tem que descobrir o melhor para si, pois não somos iguais. Estou apenas alertando sobre a necessidade de se livrar do cansaço mental. Se **Deus** permitir, pretendo ser ativo até os meus últimos dias.

88
FIM E UM NOVO COMEÇO EM MINHA VIDA!

Digo que sou um ser humano melhor depois que escrevi este livro. Foram meses de muita dedicação.

Esse projeto só aconteceu graças à ajuda do Senhor **Jesus Cristo**. Do Senhor recebi muita sabedoria. Para ganhar maior credibilidade, o meu primeiro passo foi registrar o livro. Fiquei meses fazendo revisões para corrigir as dicas. Afinal, é muita responsabilidade escrever para ajudar as pessoas. Orei diariamente para receber bons pensamentos.

O grande detalhe da vida é perceber no que é possível melhorar. Sou muito atento aos sinais que vêm do céu. Podemos, sim, aproveitar o nosso tempo e viver em paz com os familiares e com todas as pessoas em geral.

Não existe idade para mudarmos para melhor. Conheço pessoas com 80 anos que conseguiram perceber que estão na Terra para evoluir e vivem muito bem. O tempo é agora. Realize os seus objetivos, verifique em que você pode se aprimorar.

Cuide da saúde, trabalhe, tenha momentos de lazer ao lado de familiares e amigos. Viva feliz. Quando o estresse iniciar por qualquer assunto, trabalhe a sua mente para ficar em paz. Tenha serenidade e ajude as pessoas sem vestir o problema.

Descarte a voz da Terra: medo, mentiras, guerra, rancor e todo o tipo de maldade. Fé! Ouça a voz que vem do céu: amor, paz, caridade, perdão e muita bondade. Coloque **Jesus Cristo** em seu coração. Esse é o único caminho para a vida eterna.